Brotgelehrte 2

Mareike Menne

Brotgelehrte 2

Weitere Perspektiven für Geisteswissenschaftlerinnen und Geisteswissenschaftler

edition Brotgelehrte

Stand der Links, wenn nicht anders angegeben, 5.10.2017

Haftungsausschluss
Die Impulse, Hinweise und Ratschläge in diesem Buch sind sorgfältig erwogen und geprüft. Sie dienen der Anregung und der Weiterbildung und können als Startpunkte für eigene Recherchen und Handlungen dienen. Sie sollten sie nicht zur alleinigen Grundlage beruflicher Entscheidungen machen.
Sie erfolgen ohne Gewährleistung oder Garantie seitens der Autorin oder des Verlags. Eine Haftung der Autorin bzw. des Verlags für Schäden ist ausgeschlossen. Insbesondere wird die Haftung für Schäden, die aus dem Besuch externer Websites möglicherweise entstehen, ausgeschlossen.

editionBrotgelehrte ist ein Imprint des Eire Verlag, Ringstr. 5, 33178 Borchen

Druck: Frick Kreativbüro, Krumbach
Umschlagerstellung: Kirstin Young, www.youngundrabbit.de
Gesetzt aus der Stempel Garamond und der Syntax

ISBN 9783943380569
www.eire-verlag.de

Inhalt

Dankeschön!

Dr. Thomas Reuther, Paderborn
Dr. Annette Bentler, Paderborn
PD Dr. Michael Ströhmer, Paderborn
Isabel Steinbach, Warburg
Marion Voigt, Zirndorf
Tim Wehle, Borchen
Kirstin Young, Borchen

Einleitung

Herzlich willkommen in diesem Buch!

Es bietet Ihnen Impulse zur Berufsvorbereitung, -gestaltung und -tätigkeit, wenn Sie Geisteswissenschaften studieren oder in einer oder mehreren Geisteswissenschaften graduiert sind. Da beginnen schon die definitorischen Probleme. „Geisteswissenschaften" verwende ich als Sammelbegriff, unter den auch Kultur- und Sozialwissenschaften fallen können oder die Philologien; manche von Ihnen studieren vielleicht auch in Kombination mit einer Naturwissenschaft. Oder Sie haben das Studium einer geisteswissenschaftlichen Disziplin nicht zu Ende geführt, üben aber trotzdem affine Tätigkeiten aus oder fühlen sich Ihrer Identität nach als Geisteswissenschaftler. Die Vielfalt der Lebenswege, der Studienorganisation und auch Fremd- und Selbstbild ließen mich diesen pragmatischen Zugang wählen.

Wie schon im ersten Band von „Brotgelehrte" steht nicht die normative Festschreibung oder fachliche Reflexion von Berufstätigkeiten *für* Geisteswissenschaftlerinnen im Vordergrund, sondern der Blick auf die berufliche Praxis *von* Geisteswissenschaftlerinnen. Nach wie vor habe ich keine endgültige Antwort gefunden, an welchen Stellen dieses „von" und „für" nicht deckungsgleich sind, wie es von Fachkolleginnen wiederholt gefordert wurde. Mich interessiert, wo sie eben doch deckungsgleich sind bzw. wie die Zu- und Abschreibung von Fachaffinität geschieht. Kam nach den ersten Blogeinträgen und Kapiteln zu Geisteswissenschaftlerinnen als Yogalehrerinnen und Mode-Consultants noch Protest, die Berufe seien nun wirklich nicht einschlägig, fiel mir auf, dass es weniger eine Kontinuität in Inhalten und Methoden ist, die Einschlägigkeit ausmacht, sondern dass ganz wesentlich die Kontinuität im sozialen Kontext, auch informell, ein Bewertungskriterium darstellt – ist die Tätigkeit wissenschaftsnah (im Sinne der Wissenschaft als System) und bildungsbürgerlich, ist sie einschlägig. Insbesondere bei der Auswertung der Berufstätigkeit von freien Geisteswissenschaftlern fiel mir aber auf, wie breit das Spektrum tatsächlicher beruflicher Praxis ist, und wie sich aus dem „Gesamtpaket" des individuellen Angebots eine Logik ergibt, die Fachinhalte und -methoden zur Grundlage hat, kombiniert und weiterentwickelt. Manche Tätigkeiten passen sich den Anforderungen des Privatlebens, andere der natürlichen beruflichen Dynamik an, dem Markt oder allgemeinen Dynamiken wie Globalisierung und Digitalisierung. Es mag uns als Fachvertreter kränken, dass für die tatsächliche Berufstätigkeit von Geisteswissenschaftlerinnen die prägende Kraft der Fachlehre relativ ist – und dies beginnt schon mit der Berücksichtigung der Nebenfächer als Teil der beruflichen Identität. Umso spannender ist aber doch, wie die Kommilitonen Praxistransfers vornehmen, wahrnehmen und fruchtbar machen.

„Brotgelehrte" ist ein Projekt, das mit Neugier an die berufliche Praxis der Kommilitoninnen und Alumni herangeht. Mich interessiert, wie Studieninhalte, -methoden und -netzwerke in andere gesellschaftliche Kontexte übertragen werden und wie sie dort wirken. Es gibt nur wenige Studien und Statistiken, auf die ich dabei zurückgreifen kann. Die Absolventenstudien, die beim Incher in Kassel gesammelt und ausgewertet werden, die Erhebungen von Statista und die Analysen des HIS-Institut für Hochschulentwicklung helfen mir, Einzelbeobachtungen in Kontexte zu setzen – aber auch nicht immer. Ich forsche selbst anhand von Auswertungen aus Karriereportalen, Unternehmens- und Hochschulwebsites, recherchiere in Zeitungen und Online-Magazinen, bringe mich in Foren und soziale Netzwerke ein, um qualitative Fragen stellen zu können. Letztlich fließt meine Beratungs- und Workshoperfahrung in die Brotgelehrte-Bände und in den Blog ein. Es bleibt aber bei allen Versuchen zu clustern und zu systematisieren eine Arbeit mit individuellen Lebensläufen. Sowohl die kulturwirtschaftlich sehr heterogenen Regionen in Deutschland und die Fremd- und Selbstbilder von wissenschaftlichen Disziplinen spielen in die Erfassung hinein. Natürlich gibt es immer auch Beispiele, die meine Beobachtungen und Auswertungen eben nicht bestätigen. Darum verstehen Sie dieses Buch bitte als Impulsgeber, als Reflexionsinstrument, als Möglichkeit, den Blick zu weiten. Für eine konkrete Übertragung von Anregungen auf Ihren spezifischen Bedarf müssen Sie weiter recherchieren und sich ggf. unterstützende Beratung holen.

Die Informationen in diesem Buch sind folglich auch nur teilweise normativen Texten entnommen. Sie stammen überwiegend aus Stellenausschreibungen, von Berufsverbänden, von Websites, aus Profilen im Social Web. Die meisten der hier vorgestellten Berufe sind ihrer Bezeichnung nach nicht geschützt; prinzipiell darf sich jeder „Speaker" oder „Schauspielerin" oder irgendwas mit „Manager" nennen. Akademische Grade hingegen sind geschützt, Amtsbezeichnungen ebenfalls, und falls eine Biografin (nicht geschützt) zugleich öffentlich bestellte Sachverständige für Handschriften ist, dann ist dieser Teil ihrer Berufsbezeichnung eben doch geschützt und unterliegt geregelten Zugängen und Prüfungen. Sie finden die Hinweise in den jeweiligen Profilen.

Nach Rückmeldungen zum ersten Band habe ich einige Dinge umgestellt: Erst kommt der Text, dann der

Steckbrief. Die Links habe ich in der Printfassung weitgehend entfernt und durch den Namen der Organisation oder des Mediums ersetzt. Zwar führt der Weg nun möglicherweise über eine Suchmaschine, aber Sie müssen sich auch nicht mehr ärgern, wenn sich in einem halben Jahr die Adresse ändert und keine Weiterleitung eingerichtet ist. Lediglich in den Referenzen und Fußnoten stehen vollständige Links.

Genderbezeichnungen wechseln ab. Selbstverständlich sind bei der Verwendung eines sprachlichen Geschlechts immer auch alle anderen sozialen und biologischen Geschlechter gemeint, es sei denn, es ist anders gekennzeichnet.

Die vorgestellten Berufe und Tätigkeitsfelder werden sämtlich von Geisteswissenschaftlern ausgeübt – nicht immer ausschließlich von Geisteswissenschaftlern, aber eben auch nicht nur in Einzelfällen. Die Nähe zum Fachstudium ist unterschiedlich ausgeprägt und zudem abhängig von individueller Schwerpunktwahl, dem je aktuellen Veranstaltungsangebot und der Fachkombination. Bei vielen Studierenden ist inzwischen die Botschaft angekommen, dass ein geisteswissenschaftliches Universitätsstudium allein meist nicht ausreicht, um eine adäquate Tätigkeit aufzunehmen. Es folgen weitere Ausbildungsabschnitte und Anpassungsqualifikationen, die direkt auf den Beruf bezogen sind und meist auch mit Praxiselementen verwoben sind. Das relativiert die Bedeutung des einzelnen Studienfachs, was allerdings nicht gleichbedeutend ist mit Generalistentum, im Gegenteil: Es fordert einen Blick für die Spezifika, die in dieser Bildungsphase einen Teil unserer professionellen Identität formen. Darum sind in den Abschnitten zu „Studium und Weiterbildung“ immer einschlägige Universitätsstudiengänge genannt, aber auch Studiengänge an Fachhochschulen oder Weiterbildungen, die von der Bundesagentur für Arbeit unter „Anpassungsqualifikation“ gefasst werden – Programme, die akademisches Wissen zu praktischen Fertigkeiten weiterentwickeln; zusätzliches, branchen- oder tätigkeitsspezifisches Wissen vermitteln oder eine methodische Erweiterung darstellen.

In diesem Band habe ich einen Schwerpunkt auf freiberufliche Tätigkeiten gelegt. Für den ersten Teil habe ich ca. 450 Profile von Freiberuflern ausgewertet, die ich über die Bezeichnung der wissenschaftlichen Disziplinen gesucht habe: Kunsthistorikerin, Historiker, Philosoph, Ethnologin. Etwas uneindeutiger ist die fachliche Zuordnung von Publizisten und auch Germanistinnen; bei letzteren, weil sie zum einen in Literatur- und in Sprachwissenschaftlerinnen zu scheiden sein könnten, und zum anderen, weil bestimmte literatur- oder sprachwissenschaftliche Angebote auch für andere Philologien oder die Komparatistik gelten – oder die spezifische freie Germanistin zugleich Romanistin oder Anglistin etc. ist. Bei der Auswertung der gesammelten Profildaten fiel mir auf, wie hoch die Affinität der Freiberufler zum Fach auch nach vielen Berufsjahren bleibt, und wie wenig eigentlich die *Vorbereitung* auf die Tätigkeit als Freiberuflerin in die Employabilitymaßnahmen der Institute und Career Services eingebunden ist. Zu den fachübergreifenden Schlüsselkompetenzen müsste eigentlich die Vorbereitung auf eine freiberufliche Existenzsicherung gehören. Die Freiberuflichkeit ist zudem eine klassische Form der beruflichen Praxis, und wir sollten uns des Privilegs bewusst sein, dass geisteswissenschaftliche Tätigkeiten zu den freiberuflichen Katalogberufen mit ihren administrativen und fiskalischen Erleichterungen zählen. Nicht zuletzt, weil die Kulturwirtschaft und die Tätigkeit bei Kulturinstitutionen für unsere Absolventinnen einschlägig sind, und der Anteil der Selbstständigen in diesem Sektor überdurchschnittlich hoch ist: Ca. 40% der Erwerbstätigen arbeiten selbstständig; in der Gesamtheit aller Erwerbstätigen sind es nur 10%.[1] Hier besteht folglich ein großer Bedarf angemessener Vorbereitung und auch der Kommunikation zwischen Praxis und Hochschule. Falls Sie hier Informations-. Austausch- oder Beratungsbedarf haben, freue ich mich, wenn Sie mich ansprechen.

Dieses Buch ist, anders als sein Vorgänger, in drei Kapitel aufgeteilt, die nicht aufeinander aufbauen: freiberufliche Praxis, Berufsprofile – in einer „Domino-Reihenfolge", das Folgekapitel entwickelt sich immer aus einem Aspekt des Vorgängers – und einen Teil mit Reflexionsangeboten und Übungen. Finden Sie Impulse zur Eigeninitiative. Zur Vielfalt der beruflichen Praxis von Geisteswissenschaftlerinnen allgemein gültige Handlungsregeln vorzugeben, würde mit hinreichend Beispielen aus der Praxis, bei denen alles ganz anders lief und kam, schnell nutzlos werden. Darum ist es auch hier ein Ziel, den Blick auf die Vielfalt der Tätigkeiten und der Organisationsformen geisteswissenschaftlichen Broterwerbs zu richten.

Ich wünsche Ihnen viel Erfolg bei der Umsetzung Ihrer Pläne und viel Vergnügen bei der Lektüre.

Mareike Menne, Oktober 2017

[1] www.destatis.de/DE/Publikationen/Thematisch/Bildung ForschungKultur/Kultur/BeschaeftigungKultur 5216201159004. pdf?__blob=publicationFile, S. 44.

Allgemeine Lektürehinweise zur Berufstätigkeit von GeisteswissenschaftlerInnen

Frank Berzbach: Die Kunst, ein kreatives Leben zu führen: oder Anregung zu Achtsamkeit, Mainz 2013.

Tom Hodgkinson: Business für Bohemiens: Die Kunst, ein kreatives Leben zu führen und dabei Geld zu verdienen, Zürich 2017.

Ulrike Schneeberg: Monster zähmen: Ein Übungs- und Unterhaltungsbuch für Geisteswissenschaftler*innen auf Jobsuche, Hamburg 2017.

http://beruf.hypotheses.org/84 [Beruf:Geschichte]

http://gab.hypotheses.org/ [Geisteswissenschaften als Beruf]

http://humwork.uchri.org/ [Humanists@Work]

www.geisteswirtschaft.de

Freiberufler

Was machen eigentlich „freie Historikerinnen", „freie Philosophen", „freie Germanisten"?

Traditionell gehört die Freiberuflichkeit zu den professionellen Optionen von GeisteswissenschaftlerInnen. Viele der Tätigkeiten, die hier im Buch und in Bd. 1[2] vorgestellt werden, werden entweder überwiegend freiberuflich ausgeübt, oder es ist eine freiberufliche Variante möglich.

Was meint überhaupt dieses „freiberuflich"? In der Alltagssprache wird es mitunter synonym zu „freier Mitarbeiter" oder „Freelancer" gebraucht. Tatsächlich kann ein freier Mitarbeiter zugleich Freiberufler sein. Aber die Begriffe bezeichnen doch Unterschiedliches. Freie Mitarbeiter oder Freelancer sind Menschen, die ohne Anstellungsverhältnis auf Honorarbasis für ihre Auftraggeber tätig sind und ihre Leistungen in Rechnung stellen. Sie sind gleichzeitig oder aufeinander folgend für mehrere Auftraggeber tätig. Wenn sie über Jahre mit ihren Auftraggebern zusammenarbeiten und gewisse Sparten regelmäßig beliefern, werden sie auch „feste Freie" genannt, z.B. im Journalismus. Sie behalten aber ein eigenes Büro und kommen nur nach Vereinbarung in die Räume der Auftraggeber. Sie versichern sich vollständig selbst und führen auch die Steuern selbst ab.

Diese Formen der freien Mitarbeit gibt es nicht nur unter Geisteswissenschaftlern. Auch in der IT oder in der Beraterbranche ist die freie Mitarbeit üblich. Die freie Mitarbeit bezeichnet einfach ein Vertragsverhältnis zwischen einem Auftraggeber und einem Auftragnehmer.

---

[2] Mareike Menne: Brotgelehrte. Andere Perspektiven für GeisteswissenschaftlerInnen, Salzkotten 2016.

Doch wie unterscheidet sich nun der Freiberufler von den Freien Mitarbeitern? Freiberuflich arbeiten nur solche freien Mitarbeiter und Selbstständigen, die aufgrund ihrer besonderen Qualifikation oder Begabung Dienstleistungen „höherer Art" erbringen, und dies selbstständig tun: persönlich, eigenverantwortlich und fachlich unabhängig. Diese Dienstleistungen „höherer Art" qua Begabung oder Qualifikation sind nach deutschem Recht kein Gewerbe und unterliegen darum nicht der Gewerbeordnung und -steuer. Ersteres bedeutet eine Freiheit in der konkreten Ausübung der Tätigkeit, letzteres administrative und finanzielle Erleichterungen. Definiert sind diese „Katalogberufe" in §18 des Einkommensteuergesetzes. Neben den geisteswissenschaftlichen „Katalogberufen" wie WissenschaftlerIn, SchriftstellerIn, LektorIn, LehrerIn (nicht angestellt oder im Schuldienst), ÜbersetzerIn, JournalistIn zählen auch Heilberufe, Berufe des Rechts, Steuerberater, Ingenieure und Architekten zu den Freiberuflern. Das sollten Sie bedenken, wenn Sie z.B. über tolle Kreditangebote für Freiberufler stolpern – die Kreditanbieter sind mitunter überrascht, dass auch andere Berufe als Ärzte, Rechtsanwälte und Ingenieure unter die Freiberufler fallen, und haben für Schriftsteller und freie WissenschaftlerInnen gar keine großartigen Kredite im Portfolio.

Um herauszufinden, was konkret freiberufliche Geisteswissenschaftler anbieten, um ihr Brot zu verdienen, habe ich auf Xing und Homepages von Freiberuflern gestöbert und mich natürlich in meinen Umfeldern umgehört. Pro Fachgruppe – Geschichte, Kunstgeschichte, Germanistik/Literaturwissenschaft/Linguistik (auch fremdsprachig), Philosophie, Theologie, Publizistik, Ethnologie – schaute ich zwischen 30 und 60 Profile an. Ich hörte immer dann auf, wenn eine Weile lang keine neuen Angebote in die Gesamtliste aufgenommen werden konnten.

Was bieten freiberufliche Kunsthistoriker?

Sie bieten Kunst- und Architekturvermittlung, etwa im Rahmen von selbst konzipierten und vermarkteten Gästeführungen, Vorträgen und Reden in Galerien, in Museen und im öffentlichen Raum. Kunden sind Reiseveranstalter oder Reisegruppen, Privatleute, die über Online-Recherche auf das Angebot aufmerksam wurden, aber auch Unternehmen und öffentliche Einrichtungen, die z.B. das Rahmenprogramm eines Kongresses oder Festes gestalten lassen wollen. Galerien und Museen können dabei Partner sein bzw. die Buchung und Abrechnung übernehmen. Darüber hinaus bieten sie Konzeption und Kuration für temporäre und dauerhafte Ausstellungen sowie Ausstellungsevents, ebenfalls für Museen und Galerien sowie für Privatsammler oder Ausstellungsgesellschaften. Auch das Begleitmaterial für Ausstellungen erstellen sie: Kataloge, Ausstellungstexte, Inventardatenbanken, Monografien und Aufsätze. Im Sammlungsbereich beraten sie hinsichtlich Erwerb, Aufbau, Konservierung, Inventarisierung und Katalogisierung von Objekten. Wenn sie sich zusätzlich von der IHK zertifizieren lassen, können sie auch Gutachten zu einzelnen Objekten erstellen, die z.B. zur Wertermittlung für den An- oder Verkauf sowie die Versicherung relevant sind. Auch die Provenienzforschung gehört in diese Tätigkeitsgruppe. Im Falle des Todes eines Privatsammlers bieten einige Kunsthistorikerinnen die Nachlassbearbeitung an. Diese forschungsbasierten Tätigkeiten schließen häufig Archivrecherche, Dokumentation und Datenbankerstellungen ein. Da die Datenbanken immer auch Fotografien der Objekte enthalten, bieten sehr viele freie Kunsthistorikerinnen auch Fotografie und Bildbearbeitung an, bis hin zum Layout für Kataloge und Begleitmaterial.

Neben diesen sammlungsorientierten Angeboten sind viele Kunsthistoriker auch pädagogisch tätig. In der Erwachsenenbildung bieten sie Workshops, Seminare und offene Formate an, etwa bei Volkshochschulen, an privaten Instituten, über eigene, freie Angebote, etwa Reisen zu Sonderausstellungen, oder auch über die Museen und Galerien, in denen sie als Gästeführer tätig sind. Hier können sie im Rahmen der Museumspädagogik auch für Kinder und Jugendliche tätig sein. Einige Kunsthistorikerinnen führten zudem Schulprojekte durch; für einzelne Projekte, die tage- oder wochenweise laufen oder zum außerschulischen Lernen zählen, entwickeln sie Konzepte und führten diese mit den Schülerinnen und Schülern und in Kooperation mit den Lehrern durch. Wenn Kunsthistorikerinnen zugleich auch Künstlerinnen sind, dann kann eine Förderung aus Landesmitteln zu „Kultur und Schule“ oder „Kulturagenten“ erfolgen – falls Sie sich interessieren, suchen Sie unter diesen Stichworten für Ihr Bundesland.

Die bislang aufgeführten Tätigkeiten fanden sich grundsätzlich bei allen Kunsthistorikern, die ich aufrief. Hinzu kamen einige Spezialisierungen, die aus Studienschwerpunkten, Nebenfächern, Berufserfahrung, persönlichen Vorlieben oder Masterprogrammen abzuleiten sind, z.B.:

- Archäologische Grabungen,
- Denkmalpflege,
- Kostümberatung für Theater und Film,
- Kunsthandel, stationär und eCommerce.

Neben diesen Angeboten, die sämtlich einen klaren inhaltlichen und methodischen Bezug zum Studium aufweisen, bieten alle ausgewerteten Kunsthistorikerinnen auch allgemeine und nicht-affine Dienstleistungen an.

Dabei kann es sich um Ableitungen aus der Primärtätigkeit handeln; das Angebot entwickelt sich also organisch weiter:

- Kataloge betreuen und erstellen, Monografien und Begleitmaterial verfassen → allgemeines und fachliches Korrektorat und Lektorat.
- Inventarerstellung und Datenbankpflege → Datenbankadministration auch für andere Branchen, Websiteadministration.
- Ausstellungen konzipieren → PR und Marketing für Ausstellungen und Museen → Internet- und Onlinekommunikation für Ausstellungen und Museen → Social Media Dienstleistungen auch für fachfremde Branchen → PR und Marketing auch für fachfremde Branchen.
- Schul- und Lernprojekte → interkulturelle Projekte, soziale Projekte.

Alternativ kann es sich natürlich auch um bewusste Entscheidungen handeln, eine Dienstleistung anzubieten und einen Schwerpunkt dort zu legen, und das Angebot hat sich nicht aus fachaffinen Tätigkeiten herausentwickelt.

Zu den Tätigkeiten, auf die ein wissenschaftliches Studium der Kunstgeschichte ebenfalls nicht vorbereitete, die aber dennoch inhaltlich affin sind und nicht unbedingt eine zertifizierte Weiterbildung erfordern, zählt eigenes künstlerisches und handwerkliches Schaffen, etwa als Fotografin, als Illustrator, als Grafikdesigner, als Malerin, als Künstler, als Goldschmiedin, als Schmuck- und Modedesigner.

Verbände

- Bundesverband deutscher Galerien und Kunsthändler e.V.
- Bundesverband der Kunstsachverständigen e.V.

- Kunsthändlerverband Deutschland e.V.
- Verband deutscher Kunsthistoriker e.V.

Was bieten freiberufliche Historikerinnen?

Sie unterstützen bei der Biografie, der Ahnen- und Wappenforschung, bieten Recherche und Transkription von Archivmaterial und Expertise für Paläografie, helfen bei dem Verfassen von Familiengeschichten bis hin zur vollständigen Autorschaft. Auch jenseits der Familien- und Ahnenforschung bieten sie Archiv- und historische Recherche für unterschiedliche Auftraggeber: für Museen, Unternehmen, Archive, Universitäten, Forschungsstellen, Kommunen und Städte und auch private Kunden. Je nach inhaltlicher und regionaler Spezialisierung können Orts-, Landes-, Kultur- und Wirtschaftsgeschichtliche Schwerpunkte vorliegen; häufig spielen die Fremdsprachenkenntnisse gerade für die Familien- und Regionalgeschichte eine große Rolle. Historiker mit einem wirtschaftsgeschichtlichen Schwerpunkt bieten historische Unternehmenskommunikation, Unternehmensgeschichte, Jubiläums- und Festschriften an, das heißt oft: Sie schreiben oder konzipieren Bücher mit historischen Inhalten für ein Unternehmen. Der Anlass kann ein Jubiläum sein, aber die Beschäftigung mit Geschichte nutzen Unternehmen auch im Rahmen der Imagepflege bei Kunden und Mitarbeitern, bedeutet Geschichte doch häufig Beständigkeit und ein Bewusstsein für die eigenen Handlungsrahmen. Auch dunkle Flecken in der Firmenvergangenheit bearbeiten Historiker, sei es die Auseinandersetzung mit der NS- oder DDR-Vergangenheit – die im Zweifel auch noch rechtliche Konsequenzen hat -, sei es die Aufarbeitung der Kollaboration mit ausländischen Regimes und von Menschenrechtsverstößen im Ausland; in den letzten Jahren etwa bei Ikea (Zwangsarbeit in der DDR und in China) oder Volkswagen (NS-Vergangenheit, Militärdiktatur in Brasilien).

Die Erstellung von Jubiläums- oder Festschriften kann zudem ein Instrument im History-Marketing-Konzept sein, das Historiker entwickeln und implementieren. Dabei gibt es Beispiele von wissenschaftlich fundierten Marketingstrategien bis hin zu einem nostalgischen, verklärenden, gefühlsorientierten oder modischen (Retro, Vintage) Geschichtsverständnis, oder auch nur dem Bemühen um eine historisierende Optik.

Ebenso, wie Kunsthistorikerinnen Dienstleistungen für Museen und Ausstellungsgesellschaften erbringen – meist mit künstlerischem oder kunsthistorischem Schwerpunkt – so arbeiten auch freie Historiker im Rahmen von Sonder- oder Dauerausstellungen und erarbeiten Ausstellungskonzepte, recherchieren Objekte und deren Kontext und Provenienz, inventarisieren, sind als temporär angestellte Ausstellungssekretäre verantwortlich für die gesamte Konzeption und Organisation der Ausstellung – und ziehen weiter, kaum ist diese eröffnet. Die, die bleiben, können anschließend oder auch begleitend in Museumspädagogik, Gästeführung und Begleitprogramm eingebunden sein – oder auch diese Bereiche zu ihren Schwerpunkten gewählt haben.

Geschichtsvermittlung für unterschiedliche Bildungsanbieter und Medien ist ein weiteres großes Gebiet, auf dem freie Historiker tätig sind. Sie arbeiten an der öffentlichen Erinnerungskultur, führen Interviews, auch gemäß Oral History, Erstellen historisches Lehr-/Lernmaterial, auch digital bzw. online und interaktiv. Sie bieten oft selbst Workshops und Lernveranstaltungen für sämtliche Altersstufen und historische Teilbereiche an – Abivorbereitung bis Wissenschaftskommunikation. Je nach individuellem Schwerpunkt beraten sie Produzenten historischer Filme zu Kontext, Kostüm, Baugeschichte, Sprache usw., Schriftsteller und Verlage historischer Romane und Erzählungen, schließlich Werbeagenturen (History Marketing) und Produzenten von Games.

Kulturvermittlung, etwa im Rahmen von Themenführungen, ist inzwischen in den touristisch interessanten Großstädten in freiberuflichen Händen. Historiker bieten historische Themenführungen, aber über den üblichen Kanon hinaus auch Kneipen-, Friedhofs-, Kanalisations-, Schloss- oder Gartenführungen an. Andere haben sich auf bestimme Inhalte spezialisiert: eine Historikerin berät Zoos und Botanische Gärten, ein anderer Industrieunternehmen, der nächste religiöse Orden hinsichtlich historischer Fragen oder auch der Bedarfe in Inventarisierung, Archivorganisation, Archivmanagement und Dokumentation. Wieder andere Historiker haben sich auf digitale Archivierung und Dokumentenmanagement spezialisiert, unabhängig von inhaltlichen Schwerpunkten.

Sie alle arbeiten viel mit Texten: von der Monografie über wissenschaftliche Aufsätze, journalistische Textformen, Interviews, Werbetexte, Kataloge und Katalogtexte, Reise- und Fremdenführer, Blog- und Social-Media-Posts bis hin zu Reden und Vorträgen, die sie für andere schreiben oder selbst halten.

Auch hier können Sie schnell allgemeine Ableitungen beobachten. Die Nähe zum Text macht alle Arbeiten mit Texten zu Angeboten von Historikern, unabhängig von der fachlichen Zuordnung und dem wissenschaftlichen Anspruch: Lektorat, Korrektorat, Redaktion, Ghostwriting, Übersetzung, Transkription, Journalismus, Schriftstellerei, Verlag. Und sie arbeiten nicht nur mit den Texten, sondern sie beraten auch Autoren, Laienforscher, andere Wissenschaftler, etwa im Rahmen von Wissenschafts-PR und Selfpublishing – also AutorInnen, die ohne Verlag veröffentlichen, z.B. über Books on demand, amazon Create Space u.a. Sie bieten Bildungsveranstaltungen zu allgemeinen kulturellen Themen und darüber hinaus – je nach weiterer Laufbahn und Schwerpunktwahl auch nach dem Studium, und natürlich auch je nach wirtschaftlichem Erfolg, Netzwerkschwerpunkten, regionalen Eigenarten und persönlichen Neigungen.

Natürlich gibt es auch Historiker, deren Angebote und Referenzen offen lassen, ob sie inhaltlich noch etwas mit Geschichte zu tun haben oder nicht: Sie bieten Projektmanagement, Contentmanagement, Moderation, irgendwas mit Social Media. Dies sind Bereiche und Tätigkeiten, für die unsere „Schlüsselkompetenzen" so wichtig sind. Bei den Historikern, die ich über Xing und ihre Websites auswertete, spielten diese allgemeinen Angebote, fernab der genuin geschichtswissenschaftlichen Tätigkeiten, jedoch meist eine eher untergeordnete Rolle.

Verbände

- Bundesverband der privaten Historiker
- Gesellschaft für Sozial- und Wirtschaftsgeschichte
- Gesellschaft für Unternehmensgeschicht e.V.
- Verband Deutscher Fußball-Historiker e.V.
- Verband der Historiker und Historikerinnen Deutschlands e.V.

Was bieten freie Philosophinnen?

Sie bieten viel Beratung, Coaching und Persönlichkeitsentwicklung. Manche deklarieren ihr Angebot einfach als „philosophische Lebensberatung" oder „philosophisches Coaching" – der Begriff Coaching ist nicht geschützt. Andere haben eine Coaching-Ausbildung (oder sogar mehrere) und arbeiten mit philosophischen Fragen und Methoden anhand der zusätzlich erworbenen Coachingsysteme. Häufig vertreten sind die Themen Persönlichkeitsentwicklung, Lernunterstützung, Rhetoriktraining, gute/wertorientierte (Mitarbeiter)Führung, Motivation und Integration. Wie die meisten Beraterinnen aus unseren Fächern leben auch freie Philosophinnen, die Beraterin oder Coach sind, offenbar häufig von einem Einkommensmix; neben den Beratungen spielen Vorträge, Seminare, Lehre und andere Veranstaltungen, etwa in Kooperation mit Kulturinstitutionen oder Verlagen, eine Rolle.

Neben diesen Beratungen, die den Menschen ins Zentrum stellen, gibt es auch Angebote, die Inhalte oder Organisationen fokussieren: Fachberatung zu philosophischen Spezialthemen (Ethikkommissionen), Unternehmensethik, Unternehmensphilosophie. Zu konkreten philosophischen Themen, Werken oder Autorinnen können auch Museen, Medienunternehmen, Verlage, Stiftungen, Bibliotheken, Archive und Bildungseinrichtungen Auftraggeber sein; sogar Privatpersonen standen in Referenzlisten, hier, ähnlich den Historikern, oft als Auftraggeber einer Biografie.

All diese Tätigkeiten weisen unmittelbare Studienbezüge auf. Anders ist dies z.B. bei der Trauerbegleitung, die Trauerreden und Zeremonien einschließen kann – hier gibt es zertifizierte Weiterbildungen. Von der Trauerbegleitung gelangt man schnell zu anderen Lebensfesten, die traditionell kirchlich gestaltet worden sind, aber für die immer mehr Menschen nach einer Alternative suchen. So bieten freie Philosophinnen auch die Konzeption und Durchführung von Lebensfeiern, Aufnahmeriten für Kinder, Jahreszeitenfeiern, Hochzeiten, Abschiede oder Jubiläen an. Sie sehen hier nicht nur ein Symptom einer säkularisierten, sondern auch einer globalisierten Welt.

Eine zertifizierte Weiterbildung kann, muss aber nicht vorliegen bei Angeboten rund um Meditation, Spiritualität, Einkehr und Gebet. Manche Philosophinnen sind zugleich Yogalehrerinnen, die (mit Zertifikat) z.B. auch für Krankenkassen in der Prävention arbeiten.

Gleich den anderen freien Geisteswissenschaftlern bieten Philosophinnen Ableitungen ihrer fachaffinen Angebote:

- Arbeit mit und an Texten → Journalismus, Bloggen, Übersetzung, Lektorat, Autorschaft, Ghostwriting, Biografie.
- Rhetoriktraining → Stimmtraining, Gesang, Präsentationsberatung, Redenschreiber, Redner, Speaker, Moderation, Kommunikationsberatung.
- Meditation, Spiritualität → Yoga, Heilpraxis, Energiearbeit, Tai Chi, ZenCoaching, Medium.
- Lebensberatung, Life Coaching, Business Coaching[3] → (mit Weiterbildung) Supervision,

---

[3] Im Folgenden wird die Unterscheidung zwischen Life und Business Coaching wiederholt auftauchen. „Life Coaching“ ist ein Angebot eher für Persönlichkeitsentwicklung, „Business-Coaching“ meint Coachings im beruflichen und unternehmerischen Kontext. Diese Unterscheidung wird aufgrund der Verschränkungen von „Life“ und „Business“ nicht mehr überall aufrechterhalten.

Krisenintervention, Verbraucherberatung, Organisationsberatung.
- Werteorientierte Führung, Unternehmensphilosophie, Unternehmensethik → Personalführung, Personalentwicklung, Jobcoaching.

Mit Bezug zu den allgemeinen Fachkompetenzen, affiner Berufserfahrung oder zu persönlichen Interessen:
- Arbeit mit und an Bildern → Fotografie, Malerei, Webdesign.
- Arbeit im Hochschul- oder Stiftungskontext → Fundraising, Crowdfunding.
- Lernen und Bildung → eLearning, eCoaching, eTutor.
- Arbeit mit und an Multimedia → Multimedia-Projektmanagement, Social Media Management, eCommerce, IT-Projektmanagement.

Verbände
- Berufsverband für philosophische Praxis
- Deutsche Gesellschaft für Philosophie e.V.
- Fachverband Philosophie (Lehrer)
- Internationale Gesellschaft für philosophische Praxis

Was bieten freie Theologen?

Die Angebote von freien Theologen und Philosophinnen sind teils recht ähnlich. Auch sie bieten Persönlichkeitsentwicklung und Life Coaching, Trauerbegleitung, Hochzeitsplanung und andere Lebenszeremonien, teils mit Zertifizierung. Als fachspezifischer Anteil tritt die spirituelle Beratung hinzu. Und so wie alle anderen freien Geisteswissenschaftler sind sie als Autoren tätig, als Redner, Speaker, Vortragende.

Mit deutlichem Bezug zum Theologiestudium und zum üblichen beruflichen Fremd- und Selbstbild ist ihr Angebot zur Seelsorge (konfessionell, überkonfessionell, für Menschen ohne Konfession). Aus der Seelsorge mögen auch die Angebote zur Krankheits- und Sterbebegleitung erwachsen sein.

Als Nicht-Christin vergesse ich immer wieder, dass eine zentrale Botschaft des Christentums „Frieden" ist. Darum sind auch Angebote zur Mediation und zum Konflikttraining bei Theologen folgerichtig.

Schließlich gehört zur kirchlichen Praxis von Theologen meist auch Musik. Und so bieten freie Theologen mitunter Gesang, Gesangsunterricht und Musikaufnahmen an.

Tätigkeitsableitungen für Theologen sind z.B.

- Krankheits- und Sterbebegleitung, Life Coaching → Burn-out-Prävention, Stressreduktion.
- Arbeit an und mit Texten → Redaktion, Lektorat.
- Arbeit an und mit Texten in Fremdsprachen, z.B. Latein, Griechisch → Übersetzung, Sprachunterricht.
- Life Coaching, Lebensberatung, spirituelle Beratung → Business Coaching, Jobberatung, Potenzialanalysen, Lerncoaching.
- Seelsorge → Psychotherapie, Hypnose, Systemische Therapie.
- Caritas, Friede → Soziale Arbeit, Sozialpädagogik, Psychosoziale Beratung, Potenzialanalysen, Entwicklungsarbeit.
- Zeremonien, Feiern, kirchliche Selbstverwaltung → kulturelle Dienstleistungen, Kulturmanagement, Eventmanagement, Moderation.

Letztens haben Theologen auch allgemeine Tätigkeiten im Portfolio, deren Zuordnung zu fachlichen Kompetenzen erfolgen kann, aber nicht notwendig muss. Sie bieten auch Bürokommunikation, Projektmanagement, Webentwicklung oder PR.

Verbände

- Arbeitsgemeinschaft freier Theologen
- Schweizerischer Verband freischaffender Theologinnen und Theologen
- Wissenschaftliche Gesellschaft für Theologie

Was bieten freie Germanisten?

Jetzt könnte die Haarspalterei losgehen – Literaturwissenschaftler oder Linguisten? Und wenn Literaturwissenschaftler, dann auch Komparatisten? Und wenn Linguisten, dann auch die fremdsprachiger Philologien? Hier ist alles nicht besonders trennscharf. Die Fachkombinationen und auch die Studienordnungen, die im BA Germanistik z.B. sowohl linguistische als auch literaturwissenschaftliche Anteile vorschreiben, tun ihr Übriges.

Freie Germanisten machen ganz allgemein häufig etwas mit Sprache:

- Konzeption und Text für Unternehmen, PR, Werbung und Medien.
- Autorschaft, Schriftstellerei, Ghostwriting, Drehbuchschreiben, (technisches) Lektorat, (technische) Redaktion, (technische) Dokumentation, Verfassen von Gebrauchstexten (z.B. Bedienungsanleitungen).
- Journalismus, Publizistik, PR, Pressearbeit.
- Kommunikations- und Rhetoriktraining.

Linguisten bieten auch linguistische Beratung und Unternehmenskommunikation. Dazu gehören Sprachberatung (z.B. für den Sprachberatungsdienst Gesellschaft für deutsche Sprache), Sprachauskunft, Sprachpflege (bewusste Beeinflussung von Wortschatz und Grammatik). Für Unternehmen kann dies die bewusste und gezielte Pflege einer unternehmenstypischen Sprache sein oder auch die Analyse der Soziolekte von Zielgruppen umfassen.

Hier schließt sich das Angebot von Workshops und anderen Lernveranstaltungen sowohl für Literatur- als auch für Sprachwissenschaftler direkt an. Der Weg von Workshops und Lernveranstaltungen zum Deutschlehrer, Privatlehrer und Nachhilfelehrer ist kurz. Engagements finden freie Germanisten z.B. an Einrichtungen der Erwachsenenbildung, Nachhilfeinstituten oder Instituten im Ausland.

Handelt es sich bei einem Nebenfach um eine fremdsprachige Philologie oder Literaturwissenschaft, oder hat der freie Germanist eine andere Muttersprache als Deutsch, kommen Angebote als Fremdsprachenlehrer hinzu. Hier ist wiederum häufig ein deutlicher Einkommensmix mit Tätigkeiten als Übersetzer, insbesondere Fachübersetzer (Recht, Technik) oder das Projektmanagement für mehrsprachige Übersetzungen vertreten.

Literaturwissenschaftler sind stärker als Linguisten im Kulturbereich vertreten, z.B. an Theatern. Sie bieten Dramaturgie, Produktion und Regie und sind in sämtlichen „Bühnenjobs“ aktiv.

Auch hier gibt es schlüssige Ableitungen in tendenziell fachferne Tätigkeiten:

- Rhetoriktraining, Kommunikationstraining, Workshops, Lernangebote, Fremdsprachenunterricht → Life Coaching, Business Coaching, Persönlichkeitsentwicklung, Bewerbungstraining, Personalentwicklung.

- Sprachberatung → SEO, SEA, Website-Lokalisierung → Social Media Management.
- Konzeption und Text für Werbung und PR → Content Marketing, Storytelling, Internetmarketing → Social Media Management.
- Arbeit im Kulturbereich → Kulturmarketing, Fundraising.
- Fremdsprachenunterricht, Deutschunterricht im Ausland → Relocation Service, Incoming Service, Job-/Bewerbungstraining, Outplacement.

Verbände
Siehe unter www.germanistik.net/fachverbande.htm

Was bieten freie Publizistinnen?

Ich frage mich gerade, ob es auch angestellte Publizistinnen gibt. Irgendwie schon, wenn wir von Journalistinnen, WissenschaftlerInnen und AutorInnen reden, die natürlich immer auch angestellt sein können, bzw. die Autorin als Verlagsautorin mit festem Engagement ist. Aber der Einfluss von Publizistinnen ist dann groß, wenn sie neben ihrer eigenen Umgebung in möglichst vielen sichtbar und tätig sein können, denn ihre Aufgabe besteht in der öffentlichen Meinungsbildung mittels eigener oder der Herausgabe der Beiträge anderer Autorinnen.

Was bieten freie Publizistinnen also? Zuerst Texte für unterschiedliche Medien und Nutzungszusammenhänge: journalistische Texte, PR-Texte, Webtexte, Features, Multimedia, Online-Nachrichten, Agenturmeldungen, Ratgeber, wissenschaftliche Texte, Interviews, Blogtexte, Rezensionen, Fachartikel, TV- und Radiobeiträge. Moderation für unterschiedliche Formate kann hinzutreten, gleichfalls das Producing. Einige schreiben auch fiktionale Texte, also Romane, Kurzgeschichten, Lyrik.

Zu einem Angebotsfeld gehört Lernmaterial; Publizistinnen vertexten Material für Lehrende und erstellen und relaunchen selbst Lernmaterial, Tutorials und Skripte. Der Schritt zum Angebot eigener Workshops, Seminare und Train-the-Trainer-Programme sowie Bildungsberatung liegt natürlich nahe.

Wenn es sein muss, können Publizistinnen auch Werbetexte schreiben. Im Bereich Marketing kommen Angebote für das Dialogmarketing und Online-Marketing hinzu sowie die Schnittstelle Unternehmenskommunikation.

Weil Publizistinnen viel mit Texten arbeiten, gehört auch das Angebot der Textbewertung oft zu ihrem Portfolio: Sie prüfen Exposés, nehmen als Gutachterinnen Stellung zu literarischen Werken, sind als Herausgeberinnen oder Redakteurinnen tätig. Manche führen einen eigenen Verlag. Doch auch die andere Seite der Text- und Literaturbewertung können sie bedienen: Sie beraten und begleiten AutorInnen und WissenschaftlerInnen bei Projektanträgen und zu Fördermitteln.

Weitere unmittelbare Bezüge zu den typischen Studienfächern Germanistik, Politikwissenschaft, Publizistik, Kommunikations- und Medienwissenschaft resultieren aus persönlichen oder Studienschwerpunkten. Die Nähe zum Text und zur Textdidaktik lässt Angebote zur Legasthenie-Beratung und Literacy schlüssig erscheinen. Eine Herkunft aus der Politikwissenschaft begründet die Tätigkeit als Wahlbeobachterin oder Politikberaterin. Medien- und Kommunikationswissenschaft können Angebote für das Content Management/Strategie oder das Reputationsmanagement auch in den sozialen Medien vorbereitet haben.

Weitere Angebote lassen sich auf überfachliche Kompetenzen, Schlüsselkompetenzen, private Professionalisierung oder die übliche Dynamik der beruflichen Praxis zurückführen:

- Arbeit mit und an Texten → Lektorat, Korrektorat, Büroservice, virtuelle Assistenz.
- Texte für das Web, Content Management, Reputationsmanagement → SEO, Webdesign, App-Entwicklung.
- Multimedia-Angebote → Fotografie, Lichtregie.
- Texte für Werbung und PR → Marketingberatung.

Mehr als eine Publizistin bot darüber hinaus auch Konflikt- und Mobbing-Beratung an.

Verbände

Deutscher Journalistenverband

Verband katholischer PublizistInnen

Interessenverband freischaffender Künstler und Publizisten

Allgemeiner siehe hier: www.freie-kulturberufe.de/service/linkliste/linkliste.html

Was bieten freie Ethnologinnen?

Die letzte Gruppe, die ich mir ansah, waren die freien Ethnologinnen. Das Gendern ist hier kein stilistisches Mittel; ich habe sechzig Profile und Websites ausgewertet, und es war einfach kein Mann dabei. Die Ethnologinnen sind teils auch „Europäische Ethnologinnen". In ihren Profilen war übrigens schnell zu erkennen, wer schon Berufserfahrung außerhalb der Hochschule gesammelt hat und wer nicht: Die Frauen mit Erfahrung schrieben konkrete Angebote auf, die Frauen aus dem

Hochschulkontext schrieben Kompetenzen, Methoden und Fachinhalte auf, mitunter auch persönliche Eigenschaften wie „Flexibilität“ oder „offenes Denken“. Eine Schnittstelle von Hochschul- und freiberuflicher Tätigkeit sind sicherlich die empirische Sozialforschung, quantitative und qualitative Verfahren; zur Durchführung und Evaluierung von Studien werden Ethnologinnen von (Markt)Forschungsinstituten gebucht.

Und dann wird es bunt, bunter als bei allen anderen geisteswissenschaftlichen Freiberuflern. Ein großes Cluster umfasst Interkulturalität. Ethnologinnen bieten interkulturelles Training, Coaching, Kommunikation, interkulturelle Sozialberatung, kultursensible Konfliktprävention/-lösung, internationale und interkulturelle Jugendarbeit. Meistens sind die Angebote so allgemein gehalten, dass im Prinzip sämtliche potentiellen Auftraggeber angesprochen sind, von Bildungseinrichtungen über die öffentliche Verwaltung bis zu (Sozial-)Unternehmen. Es gibt aber auch Ausnahmen, die deutlicher benennen, was ihr spezifisches Angebot ist, und deren Websites wirken auch gereifter, sicherer als die meisten „interkulturelle Services“-Websites. Sie bieten z.B. Beratung für Asyl- und Flüchtlingsrecht, Staatsbürgerschafts- und Einbürgerungsrecht – wofür sicherlich das Studium allein nicht ausreicht. Oder sie bieten für Unternehmen die Ländervorbereitung und Personalentwicklung der Mitarbeiter, die in den kommenden Monaten im Ausland tätig sein werden. Relocation Services sind ein logischer Anschluss.

Ein weiterer Schwerpunkt hat mich überrascht: Gesundheit. Auch hier ist das Angebot bunt. Es gibt Ethnologinnen, die zugleich Hebamme, Ärztin, Psychologin, Heilpraktikerin sind und in eigener Praxis oder als Beraterin Ethnomedizin anbieten. Dazu gehört auch ein Angebot in alternativen und unkonventionellen Formen, etwa die Dienstleistung „Heilen“, Gesundheitscoaching, Beratung zu alternativen Heilverfahren, Schamanismus, Ayurveda, Yoga – hier schließen Wellness-Angebote und Ernährungsberatung an. Außerdem fällt es mir mitunter schwer, die Grenze zur Esoterik auszumachen, die ebenfalls sporadisch auftaucht – aber im Profilkontext absolut schlüssig erscheint. Warum sollte eine Ethnobotanikerin keine Baumrituale anbieten?

Auch Beratung und pädagogische Angebote gehören ins Portfolio; sie reichen von Politikberatung über Life Coaching, Outdoor-Workshops, Gesangspädagogik und Voice-Coaching bis zu Selbstverteidigung und Anti-Aggressionstraining. Zu den Beratungsangeboten kann eine Kombination aus Kurzfeldforschung und Prozessbegleitung zählen. Mit Zusatzausbildung bieten Ethnologinnen auch Systemisches Coaching und Traumaarbeit.

Visuelle Anthropologie und Medien bilden einen weiteren Schwerpunkt. Ethnologinnen (teils mit Zweitfach Film- oder Medienwissenschaft, teils autodidaktisch) bieten die Produktion von Dokumentarfilmen und Berichterstattungen. Sie sind Kamerafrau, Filmautorin, Fotografinnen, Radiojournalistinnen, Radio- und Filmsprecherin und in der Folge Dozentinnen für die jeweilige Medienpraxis oder Visual Trainer. Meist haben sie Länder- oder regionale Schwerpunkte.

Die Arbeit mit Medien wird ergänzt um Tätigkeiten im öffentlichen und privaten Kulturbereich, etwa für Sammlungen und Museen. Hier erstellen sie Konzepte, bieten Museumspädagogik und Veranstaltungen an, erstellen und pflegen Bild- und Filmarchive. Auch Geschichten- und Märchenerzählerinnen sind hier vertreten.

Ebenfalls sichtbar wird ein Bezug der Ethnologie zum Tourismus: Reiseleitung und die Beratung von Reiseanbietern und Individualreisenden.

Neben der Politikberatung finden Ethnologinnen auch Aufträge in der humanitären Hilfe, „Entwicklungs“arbeit, Kinderschutz, Demokratisierung und Zivilgesellschaft einschließlich Civic Media und Open Data.

Eine Konsequenz aus den Auslandserfahrungen ist das Angebot für Fremdsprachenunterricht, Übersetzungen und Unterricht in Deutsch als Fremdsprache.

Ein paar interessante Einzelfälle möchte ich aufführen: Eine Ethnologin ist zugleich Sängerin und bietet neben Gesang auch Expertise als Stimm- und Musik-Ethnologin, u.a. für Konzerthäuser und Kunsthochschulen. Eine andere hat sich auf die ethnologische Perspektive vom Putzen spezialisiert – ich fand es erst witzig, aber dann erinnerte ich mich daran, dass die Distinktion der Eingesessenen von den Zugewanderten ganz häufig über die Zu- und Abschreibung von „Sauberkeit und Ordnung“ funktioniert. Putzen und Reinigung sind ganz wesentliche kulturelle Einheiten und zudem in ihrer jeweiligen Praxis ausgesprochen verschieden. Die Beratung umfasst Schulungen zur Raumpflege, Beratung zu kulturell unterschiedlichen Zugängen zum Putzen, Beratung zur Verortung des Putzens beim Bauen, beim Einrichten und Bewirtschaften von Gebäuden, Beratung zur Abfallnutzung und -beseitigung.

Schließlich schafft und vertreibt eine Ethnologin interkulturelles Kunsthandwerk.

Wie stets, so gibt es auch hier Ableitungen, aber auffälligerweise deutlich weniger als bei den anderen Freiberuflerinnen – die affine Vielfalt mag viele „Schlüsselkompetenzen“ unnötig machen. Wie eigentlich alle anderen auch bieten Ethnologinnen Lektorat, Korrektorat, PR und Social Media, in seltenen Fällen auch Marketing, Sales und Projektmanagement.

Verbände

- Bundesverband freiberuflicher Ethnolog_innen
- Deutsche Gesellschaft für Völkerkunde
- Deutsche Gesellschaft für Volkskunde
- Österreichischer Fachverband für Volkskunde

Fazit

Nun habe ich ungefähr 450 Profile von Freiberuflern durchgeschaut, ihre Angebote gesammelt und geclustert und versucht, Beziehungen zum Studium zu finden.

Die FreiberuflerInnen bieten in den meisten Fällen einen Mix an aus ca. 50% unmittelbar fachaffinen Tätigkeiten, ca. 25% mittelbar fachaffinen Tätigkeiten (überfachliche, aber immer noch typisch kultur-/geisteswissenschaftliche Kompetenzen oder Spezialisierungen/Professionalisierungen) und ca. 25%, die aus persönlichen Vorlieben, Nachfrage, Lebenskontext oder der natürlichen beruflichen Dynamik resultieren. Die Fachkompetenz spielt also eine große Rolle für den dauerhaften beruflichen Erfolg.

Das bedeutet zugleich, dass Freiberufler fast immer von einem Einkommensmix leben. Meist haben sie zwei bis vier Standbeine, um die unterschiedliche Ergänzungen gruppiert werden. Dabei ist nicht genau zu erkennen, welche Tätigkeiten den größten Teil der Arbeitszeit ausmachen und welche den größten Teil des Einkommens. Das müssen nicht dieselben Tätigkeiten sein. Workshops und Seminare etwa können lausig bezahlt sein und viel Zeit in Anspruch nehmen, aber sie sind zugleich Akquiseinstrumente und ermöglichen einen Zugang zu Kunden, die weniger Zeit in Anspruch nehmen und gut bezahlen.

Diese Standbeine und Ergänzungen lassen sich grob in fachaffin, Angebote aus Talent oder Neigung und marktorientierte Zusatzkenntnisse klassifizieren. Bei „fachaffin“ müssen Sie berücksichtigen, dass die meisten Absolventen mehr als ein Fach haben. Das Profil eines Absolventen der Kombination Kunst/Kunstgeschichte ist anders fachaffin als einer Absolventin Germanistik/BWL. Die Zusatzkenntnisse stammen häufig aus Weiterführungen und Professionalisierungen von studentischen Tätigkeiten.

Die Freiberuflerinnen, deren Profile Erfolgsindikatoren aufweisen – Referenzen, professioneller, dynamischer Webauftritt, Publikationen – beschreiben eher, was sie tun, als das, was sie können. Sie schreiben nicht „Medienkompetenz“, sondern „Kamera“, „Regie“, „Content Management“; nicht „Textkompetenz“, sondern „Rhetorik-Training“, „Web-Texte“, „Biografien“, „journalistische Texte“; nicht allein „Englisch, Französisch“, sondern „Übersetzungen“, „Fachübersetzungen Technik“, „multilinguales Projektmanagement“, „Englischunterricht“.

Wenn Sie freiwillig oder zwangsläufig in die Situation kommen, freiberuflich tätig zu werden, richten Sie Ihre Aufmerksamkeit auf den Bedarf und die Benennung dieses Bedarfs in der Zielgruppe. Was konkret ist Ihre Dienstleistung, was ist Ihr Produkt? Ordnen Sie Ihre aus dem Studium formulierten Kompetenzen dem unter. Auftraggeber bezahlen Sie nicht für das, was Sie können, sondern für das, was Sie liefern.

Es gibt fachübergreifende Angebote, die eigentlich immer irgendwie vertreten sind: Lektorat, Korrektorat, PR, Social Media. Nur in Ausnahmefällen sind dies die Kernangebote der Freiberuflerinnen. Es entsteht der Eindruck – aber das habe ich nicht validieren können! –, diese Dienstleistungen entstehen am Rande von Projekten und sind darin enthalten; vielleicht verirrt sich zufällig mal ein Kunde zu Ihnen, der ausschließlich klassische PR will. Als Sichtbarkeitsstrategie fallen diese Angebote aus; zur Abrundung sind sie in den meisten Profilen benannt.

Lernen Sie anhand von Beispielen das rechte Maß, um überfachliche Kompetenzen einzuschätzen.

Die Selbstbeschreibung als Absolventin eines Fachs geht zurück. Es sind eher ältere Freiberufler, die sich ausschließlich „Historiker" oder „Germanist" nennen. Die Mehrzahl und die jüngeren haben eine „und"-Bezeichnung: „Freie Ethnologin und Kamerafrau", „freie Germanistin und Publizistin", „freie Kunsthistorikerin und Fotografin", „freie Philosophin und Politikwissenschaftlerin". Das professionelle Profil also ergibt sich aus der Fächerkombination und konkreter Tätigkeit.

Im Studium lernen Sie oftmals diese Form der Profilschärfung nicht, weil die Fächer auf die Employability eben dieses spezifischen Fachs schauen und die Berufsberatung darauf ausrichten. Das führt mitunter zu vollkommen realitätsfernen Entscheidungen: Die Praktikumsbeauftragte eines Historischen Instituts verwehrte einer Studentin die Anrechnung eines PR-Praktikums; das sei für Historiker nicht einschlägig. Das Nebenfach Germanistik und der konkrete Berufswunsch spielten bei der Ablehnung keine Rolle. Umgekehrt wurde eine Germanistin nicht in die engere Auswahl eines Museums genommen, weil ihr qua Studienfach Archiverfahrung fehle – trotz Nebenfach Geschichte, Abschlussarbeit in einem Literaturarchiv angefertigt. Entwickeln Sie also ein Bewusstsein für die Wissenslücken, die zwischen Hochschule und beruflicher Praxis oft noch bestehen, und erarbeiten Sie Kommunikationsinstrumente, die Ihr persönliches Profil verdeutlichen, jenseits der Zuschreibungen zum Fach.

Die Porträts gewannen an Profil, wenn eine gute Balance aus Wiedererkennbaren, dem klassischen Bild des Faches zuzuordnenden Dienstleistungen aufgeführt war, und diese von individuellen Spezialisierungen gerahmt wurden.

Bei den nichtfachaffinen Angeboten entsteht zudem der Eindruck, dass die Freiberufler selten gebucht werden, um diese Dienstleistung jenseits des Fachkontexts durchzuführen. Eine Kunsthistorikerin etwa, deren Angebot Kostümkunde und Beratung für Theater und Film, Inventarisierung und wissenschaftliche Erarbeitung von Katalogen, Provenienzforschung und Schulprojekte umfasst, bietet auch Fotografie und Bildbearbeitung. Möglicherweise macht sie auch mal ein Hochzeits-Shoopting oder Industriefotografie und Bildbearbeitung, aber vermutlich ergänzen Fotografie und Bildbearbeitung ihr Hauptangebot, und sie erstellt und bearbeitet auch die fotos für die Pressemeldungen, Datenbanken etc.

Abschließend sei aus der Metaebene dieses Buches erzählt: Ich habe für dieses Kapitel ca. 450 Profile und Websites betrachtet. Ein wenig so, als müsste ich jemanden einstellen oder engagieren, und 450 Bewerbungen landen in meinem Postfach. Alles freiberufliche, abgeschlossene GeisteswissenschaftlerInnen, oft mit sehr gutem Abschluss und promoviert, häufig mit Auslandserfahrung, wie möglicherweise eines Tages Sie selbst. Es gab nur eine Handvoll offensichtlich unqualifizierter Personen. Welche der 450 sind mir im Kopf geblieben, auf welche Profile würde ich nochmal zugreifen? Auf die Einzigartigen:

- die Kamerafrau,

- die Putzberatung,
- die Hebamme,
- die, die Finnisch kann, nicht, weil ich es brauche, sondern weil es so ungewöhnlich ist, dass ich es mir gemerkt habe,
- die, die neben interkultureller Kommunikation auch Rechtsberatung für Immigranten bietet,
- die, die neben Museums- auch Kneipen- und Friedhofsführungen anbietet,
- die, die Mitarbeiter von Unternehmen auf ihren Auslandseinsatz vorbereitet,
- die Historikerin, die Zoos berät,
- als einzigen Mann: das Medium, das auch Hypnose macht.

Außer dem Medium sind alle Erinnerungen positiv besetzt. Ich würde mit einer grundsätzlichen Sympathie zu diesen Profilen zurückkehren, weil sie mir in der Masse der Master und Magistrae mit Flexibilität, Teamfähigkeit und Analysekompetenz einen Moment lang die Professionalität genommen und ein menschliches Interesse geweckt haben, so dass es mühelos wurde, mich zu konzentrieren.

Unterschätzen Sie nicht die Kraft, die Individualität hat.

Berufsprofile

Kulturtourismus

Der Tourismus ist weltweit eine der umsatzstärksten Wirtschaftsbranchen. Sie bietet für Geisteswissenschaftlerinnen mittelbare Beschäftigung auf der Grundlage von Schlüsselkompetenzen oder als Weitereinwicklung des Jobbens. Aber sie bietet vor allem auch affine Tätigkeiten an, z.B. im Kulturtourismus. Immerhin liegt der „Besuch kultureller/historischer Sehenswürdigkeiten" bei Inlandsreisen auf Platz 1 der liebsten Aktivitäten.[4] Zum Kulturtourismus zählen weiterhin Sprachreisen, spirituelle Reisen, Kreativtourismus, archäologische Reisen, Gourmetreisen, Konzert-/Oper-/Musical-/Festspiel-/Theaterreisen, philosophische und literarische Reisen. Eigentlich können alle Fächer Aspekte im Kulturtourismus verorten.

Kulturtourismus ist eine Erfindung, und zwar von Klemens Unger, der 1986 Geschäftsführer im Fremdenverkehrsverband Ostbayern war.[5] 1986 war Asam-Jahr, und Unger war mit Marketingfragen befasst. Wie sollten potentielle Gäste angesprochen werden? Der Begriff „Studienreise" war nicht ganz treffend – denn es ging auch um Reisen und Tagesausflüge, in deren Rahmen Baukunst besucht wurde oder eine kulturelle Veranstaltung oder sonst ein Bildungsangebot genutzt werden kann, ohne zu „studieren". Unger verwendete den Begriff „Kulturtourmus", der bis heute in Gebrauch ist für eine Art von Tourismus, bei der die Besucher Objekte besichtigen oder Veranstaltungen besuchen, die von Kulturinstanzen einer Region oder Stadt erschlossen oder

---

[4] www.deutschertourismusverband.de/fileadmin/Mediendaten bank/Dateien/ZDF_2016.pdf, S. 22.

[5] Siehe Quellennachweise und Volltextlinks unter https://de.wikipedia.org/wiki/Kulturtourismus#cite_ref-1.

angeboten werden und damit zugleich den immateriellen Wert der Region erhöhen. Anders als beim Bildungsgedanken der Studienreise zählen im Kulturtourismus auch Unterhaltung, ästhetische und emotionale Ansprache zu dem Reisemotiven. Insofern ist eine Definition von „Kulturtourismus“ recht offen und diskursbezogen.

Um Kulturtourismus anbieten und begleiten zu können, ist eine Erfassung der kulturellen Ressourcen der Zielregion ein erster Schritt: Sehenswürdigkeiten, Besonderheiten, wiederkehrende Veranstaltungen, etablierte Werke und Kulturinstitutionen wie berühmte Museen, Konzerthäuser oder fotogene Friedhöfe. Der zweite Schritt orientiert sich an der Nachfrageseite: Was wünschen Reisende gerade? Wandern und Klöster? Craft Beer und Moderne Kunst? Fotoworkshops und Naturdenkmäler? Entsprechend werden Einrichtungen gegründet und Angebote auf aktuelle Trends und Nachfragen hin entwickelt.

Auch wenn der Kulturtourismus und die Studienreise als Reisetypen in der Entwicklungslinie vormoderner Bildungsreisen stehen, so ist doch die systematische (und von öffentlicher Hand geförderte) Entwicklung von Programmen und Erschließung von Attraktionen relativ jung und auch Trends unterworfen. Für Deutschland ist zum Beispiel der ländliche Raum wenig kulturtouristisch erschlossen. Die touristischen Zentren hingegen benötigen neben einem Fundament typischer und etablierter Angebote regelmäßig neue Impulse für wiederkehrende Gäste oder Trendreisen. Auch die Begleitung von hochkarätigen Sonderausstellungen erfordert die Entwicklung neuer Begleitangebote. Neben den Programmen, die sich unmittelbar an Touristen bzw. BesucherInnen richten, entstehen auch neue Aufgaben im Marketing, eCommerce, Virtualisierung, Management und in der Vernetzungsarbeit kulturtouristischer Anbieter aus der Privatwirtschaft ebenso wie in öffentlicher Trägerschaft und mit anderen Stakeholdern.

Folglich gibt es Reiseveranstalter, Stadt- und Regionalmarketing, ehrenamtliche Gästeführer, Honorargästeführer, Gästeführerunternehmen, Verbände und Lobbyisten („politischer Referent Kulturtourismus"), Jobs bei Leistungsträgern der Tourismusbranche (Hotellerie und Gastgewerbe, Transport), Tourismusforscher, Reiseblogger, Reiseverlage – sämtlich Tourismuskultur. Es gibt Angebote für Reisen mit festem Rahmenprogramm und vollkommen individualisierte Angebote. Es gibt die klassische Festanstellung in der Privatwirtschaft und im öffentlichen Dienst, die klassische Einzelselbstständigkeit, Gründungen, Metaportale, Multijobber, Patchwork-Berufstätigkeit. Die berufliche Orientierung wird Ihnen leichter fallen, wenn Sie sich überlegen, was genau Ihr Inhalt und wie genau Ihr Tagesablauf sein soll:

Wollen Sie sich auf eine Art von Reise spezialisieren? Auf Sprachreisen, Pilgerreisen, Kreativtourismus, Studienreisen, Konzertreisen, Gartenreisen? Auf eine bestimmte Region oder ein bestimmtes Fortbewegungsmittel? Einen bestimmten Lifestyle – Yogareisen, vegan auf dem Balkan? Eine bestimmte Zielgruppe – Ältere, Jüngere, Blinde, Reisen mit Hund?

Oder wäre es besser, zunächst den eigenen Alltag abzustimmen? Morgens ins Büro, konzipieren, Leute, Räume, Fahrzeuge, Führungen buchen/Reiseführer redigieren/außerschulische Bildung begleiten, abends nach Hause, zweimal im Jahr auf die Messe? Oder Arbeit im touristischen Hotspot? Arbeit mit den Touristen oder lieber mit anderen Tourismusarbeitern? Wochenlang selbst auf Reisen? Arbeit als Angestellte, als, Selbstständige, als Unternehmerin?

Oder geht es um die Reichweite? Sind Sie stark heimatverbunden und lieben Sie es, touristische Highlights Ihrer Umgebung zu präsentieren – kümmern Sie sich also um Leute, die kommen? Oder zieht es Sie zumindest gedanklich in die Welt, treibt Fernweh Sie immer wieder an – erweitern Sie das auf Leute, die ebenso wie Sie weggehen wollen?

Oder geht es um Ihre Rolle? Wollen Sie Ihr Wissen zeigen und weitergeben? Wollen Sie anderen authentische Erlebnisse verschaffen? Wollen Sie selbst Globetrotter sein? Wollen Sie forschen, damit andere es weitergeben können? Wollen Sie die Bedeutung von Reisen, Bildungsreisen, dem touristischen Angebot Ihres Raumes politisch und wirtschaftlich stärken? Wollen Sie jungen Menschen dazu verhelfen, über verschiedene Programme die Welt zu bereisen (Work&Travel, Erasmus+, etc.).

Berufsbezeichnungen

Reiseleiter
Gästeführer
MitarbeiterIn/irgendwas mit Manager eines Reiseveranstalters
Umsetzungsmanager (für Kulturtourismus, öffentlicher Dienst)
Reiseblogger, Reiseschriftsteller[6]

Tätigkeiten

- Planung, Verwaltung, Durchführung und Controlling von kulturtouristischen Angeboten
- Netzwerkarbeit, Einbindung der beteiligten Akteure

[6] Profil siehe etwa hier:
www.travelbook.de/service/traumberuf-reiseblogger-reiseblogger-berichten-ueber-ihren-beruf.

- Evaluation von Projekten und Maßnahmen
- Bedarfserfassung
- Beratung und Wissenstransfer gegenüber Akteuren und Partnern
- Kommunikation und Öffentlichkeitsarbeit
- Akquise von Kunden und Projektpartnern
- Tourismuspolitische Tätigkeiten

Arbeitgeber
Reiseveranstalter
Touristinformation
Regional-/Stadtmarketing
Kultureinrichtungen
Kulturerbebetreiber
Leistungsträger der Tourismusbranche (Hotellerie, Transport, kommunale Touristiker)
regionale Tourismus-Zentralen

Beispiele
FTI Tourismus, Klimahaus Bremerhaven
www.klosterreisen.de
www.bildungsreise.org/reiseanbieter-bildungsreisen.html
freiberufliche Anbieter:

- Magdalena Bössen inszeniert Touren durch Berlin (Texte, Szenen, Bilder – www.textouren.com)
- Ulrike Manthei gründete ein Unternehmen für individuelle Stadtführungen, ebenfalls in Berlin (www.erlebe-die-stadt.de).
- www.bellevue-berlin.de
- www.lust-auf-lu.de/spezialfuehrungen.html
- www.aldersbacher.de/fuehrungen/spezialfuehrungen
- www.artberlin-online.de

Alternativen:
Selbstständigkeit: Sie können selbst ein Tourismusunternehmen gründen oder freiberuflich z.B. als Gästeführer oder AutorIn tätig sein.
Andere Wege in diesen Beruf: Ausbildung Tourismuskaufmann/-frau, Reiseverkehrskaufmann/-frau, Studium Tourismus, Marketing

Andere Tätigkeiten in diesem Bereich sind PR, Stadtmarketing oder Reiseblogger.

Für tourismuspolitische Tätigkeiten ist politische Erfahrung eine Voraussetzung. Zu den Aufgaben zählen die Ausarbeitung tourismuspolitischer Positionen des Verbandes, die Begleitung von Gesetzgebungsprozessen/-verfahren, Aufbau, Pflege, Organisation und Wahrnehmung politischer Kontakte, die Beobachtung und Bewertung tourismuspolitischer Entwicklungen.

Regionale Besonderheiten
Eher in urbanen als in ländlichen Gebieten. Dort hat eine Studie von EUROTOURs diagnostiziert: „mangelndes Bewusstsein, fehlende professionelle Kenntnisse und unzureichende Kooperationen“[7]. Prüfen Sie also Ihr Umfeld. Nicht jede Stadt, die „Großstadt“ ist, ist auch „urban“.

Kompetenzen und Kenntnisse

Fachübergreifende Kompetenzen: Recherche, Informationsbeschaffung, Fremdsprachenkenntnisse, Vortragstätigkeit, Präsentation, konzeptionell-analytisches Arbeiten.

[7] http://kultur-und-arbeit.de/wp-content/uploads/2016/01/EUROPETOUR_Analyse-der-Trainingsbedarfe-2016.pdf, Folie 3.

Soft Skills: Organisationsfähigkeit, Netzwerkmanagement, Strukturierungsfähigkeit.

Branchenspezifische Kenntnisse: Ortskenntnisse, Markt-/Branchenkenntnisse im Tourismus.

Sonstiges: kaufmännisches Verständnis, ggf. Existenzsicherung als FreiberuflerIn.

Aus den jeweiligen Disziplinen: Reisezielbezogenes kulturelles und religiöses, Wissen, Orts- und Regionalkenntnisse, Sprachkenntnisse, Kulturgeschichte, Kulturgeografie.

Aus den **Fremdsprachen**, der **Germanistik, Kommunikationswissenschaft** und aus der **Sprachdidaktik:** Dolmetschen, Übersetzen, Interkulturelle Kommunikation, Textproduktion, Rezeptionsanalyse von Texten, Planung von Kommunikationsprozessen und Medien, Analyse und Auswertung von Kommunikationsprozessen.

Aus der **Ethnologie:** Moderation von Begegnungen, ggf. Wissen zu Entwicklungspolitik, Interkulturelle Kommunikation.

Aus der **Kommunikationswissenschaft, Politikwissenschaft, Soziologie, Medienwissenschaft:** Datenerhebung, Marktforschung, Meinungsforschung, Statistik, Kenntnisse in der Werbekommunikation, Wirkungsanalysen.

Aus **Pädagogik** und den **Fachdidaktiken:** Erstellung von zielgruppenbezogenem Lernmaterial, didaktische und pädagogische Planung von Bildungs- und Kulturreisen bzw. touristischen Angeboten, aktivierende Methoden, Evaluation.

Aus **Religionswissenschaft, Philosophie, Theologie:** Wissen über religiöse und philosophische Praktiken, Anleitung von spirituellen, meditativen und reflexiven Übungen, Seelsorge und Beratung.

Studium und Weiterbildung

Neben einem Studium von Geisteswissenschaften können Sie das Masterprogramm auf den Kulturtourimus zuschneiden.

Studienangebote z.B.

- Tourismuswissenschaft
- Kulturmanagement und Kulturtourismus, MA, Uni Frankfurt/Oder

Weiterbildungen:

- studiosus (Reiseleiter-Weiterbildung)
- Tourguide-Akademie (auch studienbegleitend)
- http://akademie.fvw.de

Es gibt eine EU-Norm für zertifizierte Tourismusdienstleistungen und Gästeführer (Din EN 15565). Sie können sich über Gutachter von DIN CERTCO (TÜV Rheinland) zertifiziert.

Netzwerke

Hier sind nun recht viele Verbände aufgeführt. Natürlich können Sie erstmal durchsurfen, um sich zu orientieren. Dann werden Sie schnell feststellen, dass Sie für einen zweiten Durchgang eine eigene Fragestellung mitbringen sollten, und sei es nur zu Übungszwecken, denn die Themen reichen von lokal bis global, von Bettbezug bis Steuerrecht, von Goethes linkem kleinen Zeh bis Asien in vier Tagen.

- Bundesverband der deutschen Tourismuswirtschaft (mit Infos zu Ausbildung, Weiterbildung, Studium, Stellenbörse)
- Deutscher Tourismusverband
- Fachverband deutscher Sprachreiseveranstalter
- Verband der Studienreiseleiter e.V.
- Bundesverband der Reiseleiter, Animateure und Gästeführer

- Bundesverband der Gästeführer in Deutschland e.V. (mit Zertifizierung)
- Gesellschaft für Tourismuswissenschaft
- Verband selbstständiger Reiseberater Deutschlands
- UNWTO (World Tourist Organization)
- Europetour
- www.bildungsreise.org
- www.klosterland.de
- Berufsverband der Gästeführer in Berlin
- Internationale Tourismus-Börse Berlin

Jobbörsen/Stellenportale

- Praktika-Ausschreibungen z.B. unter www.tourismus-azubi.de/stellenboerse/liste
- Aushilfs-/Ferienjobs z.B. unter www.auslandsjob.de/sommerjobs-tourismus.php oder www.auslandszeit.de/summer-jobs.html
- Stellenbörsen für reguläre Erwerbstätigkeiten z.B. unter http://touristik-jobs.fvw.de – (inkl. Ausschreibungen für Köche, Flugbegleiterinnen, Tourismuskaufleute etc.)
- www.touristik-aktuell.de/jobsbusiness (neben Stellen auch Geschäftsübernahmen)
- www.touristikcareer.de
- www.dgt.de/aktuelles/stellenangebote

Online-Ressource

http://kultur-und-arbeit.de

Literatur

fvw Job & Karriere Guide Touristik, Karrierehandbuch 2017.

Thomas Heinze: Kultursponsoring, Museumsmarketing, Kulturtourismus: Ein Leitfaden für Kulturmanager, Wiesbaden [4]2009.

Yvonne Pröbstle: Kulturtouristen: Eine Typologie, Heidelberg 2014.

Burkhard Schnebel/Felix Girke/Eva-Maria Knoll (Hg.): Kultur all inclusive. Identität, Tradition und Kulturerbe im Zeitalter des Massentourismus, Bielefeld 2013.

Albrecht Steinecke: Management und Marketing im Kulturtourismus. Basiswissen – Praxisbeispiele – Checklisten, Heidelberg 2013.

Thomas Steinfeld (Hg.): Die Zukunft des Reisens, Frankfurt a.M. 2012.

Fachzeitschriften/Portale

tw – Zeitschrift für Tourismuswissenschaft

www.touristik-aktuell.de (Portal und Fachzeitschrift)

www.travel-one.net

www.travel-tribune.de

www.wirsindanderswo.de (nachhaltiges Reisen)

Referenzen

http://berufenet.arbeitsagentur.de – Reiseführer

www.bundestag.de/blob/500234/edb5b78460102c9f18f2a08e03110a43/kulturtourismus-data.pdf

www.deutschlandfunkkultur.de/tourismusforscher-stefan-goessling-wie-ist-nachhaltiger.970.de.html?dram%3Aarticle_id=395955

Diversity Management

Eigentlich und im engeren Sinne ist das Diversity Management ein Teilgebiet des innerbetrieblichen Projektmanagements. Es geht dabei darum, die Verschiedenheit der MitarbeiterInnen anzuerkennen und für das Unternehmen zu nutzen. Zu „Verschiedenheit" gehören äußerlich wahrnehmbare Unterschiede – Geschlecht, Ethnie, Alter und Behinderung –, zum anderen subjektive Unterschiede wie die sexuelle Orientierung, Bildungsstand, Religion, Wertehaltung und Lebensstil. Auch das Verhältnis von Generalisten und Spezialisten, von Bildungsunterschieden innerhalb des Unternehmens und von dem Verhältnis der Fachkräfte, ProjektmitarbeiterInnen und Quereinsteiger bis hin zu den Sprachbarrieren zwischen einzelnen Abteilungen können Bereiche des Diversity Managements sein. Insbesondere die nicht sichtbaren Unterschiede entfalten ihre (hierarchische und gruppenbildende) Wirkung im Unternehmen, die oft nur mittelbar wahrgenommen und mit der nur vage argumentiert werden kann, die aber wesentlich die Beziehungen und Verhaltensmuster innerhalb einer Organisation beeinflussen.

In den letzten Jahren war die Integration von Menschen mit Migrationshintergrund eine große Herausforderung, sodass eine Fachstelle Diversity Management in München eingerichtet wurde.

Diversity Manager haben die Aufgabe, diejenigen Aspekte von Vielfalt im Unternehmen zu identifizieren, die erfolgsrelevant sind. Sie sollen den Nutzen von unterschiedlichen individuellen Kompetenzen, Eigenschaften, Haltungen und kulturellen Hintergründen erschließen. Das ist insofern für viele Unternehmen und Institutionen ein großer Schritt, als in der Arbeitswelt häufig das Prinzip der Gleichartigkeit – und sei es unbewusst – zum Tragen kommt. Menschen neigen dazu, sich mit Menschen zu umgeben, die ihnen ähnlich sind in Bildung, Haltung, Status, Geschlecht. Das kann natürlich ein harmonisches Arbeiten ergeben, aber bedeutet auch, dass blinde Flecken entstehen und eine gewisse Hartnäckigkeit entfalten, da ja gemeinsam bestimmte Perspektiven, Inhalte, Methoden unbekannt sind oder nicht in den Blick fallen. Auf der anderen Seite wäre es sozial schwierig, jemanden ins Team zu holen, der die Aufgabe hat, genau diese blinden Flecken zu erschließen, aber aufgrund seiner Andersartigkeit nicht gut in die (informelle) Kommunikation eingebunden wird, die „heimlichen Curricula" nicht kennt und dabei die Minderheit bildet, die stets verneint. Dieser Mitarbeiter wird nicht glücklich und sein Potential nicht entfalten, und die ähnlich konstituierte Mitarbeitergruppe wird eher Strategien finden, ihre blinden Flecke nicht ansehen zu müssen, als die individuelle Kompetenz zu nutzen. Auch die Abgrenzung einzelner Abteilungen im Unternehmen von anderen und das Aufstellen eigener interner Regeln ist ein Ausdruck von Vielfalt im Unternehmen, die unter bestimmten Bedingungen die Arbeit erschweren, unter anderen hingegen die Arbeit am Projekt- oder Unternehmensziel bereichern kann. Diversity Manager analysieren solche Fälle und stellen Kriterien auf, damit bewertet werden kann, welche Eigenarten dem Unternehmen zugutekommen und welche nachteilig sind. Schon länger wird der Umgang und die Nutzbarmachung von Unterschieden innerhalb eines Unternehmens im Teammanagement bearbeitet.

Dass das Teammanagement nun in das Diversity Management weiterentwickelt wurde, ist ein Ergebnis von Migrationen, Frauenemanzipation, demografischem

Wandel und der stärkeren Verflechtung der Märkte in der Globalisierung.

Als fünfter Punkt, der uns GeisteswissenschaftlerInnen nicht so vertraut ist, kommt hinzu, dass sich in den vergangenen Jahrzehnten der Blick und die Praxis in Unternehmen verändert hat; im Mittelpunkt des Interesses stehen nicht mehr so sehr die Anteilseigner (Shareholder, z.B. Aktionäre bei einer Aktiengesellschaft), vielmehr wird versucht, das Unternehmen in seinem gesamten sozioökonomischen Kontext zu erfassen und die Bedürfnisse der verschiedenen Anspruchsgruppen zu berücksichtigen. Zu diesen Anspruchsgruppen gehören natürlich die Eigentümer, Abteilungen und MitarbeiterInnen, aber auch die Kunden, Lieferanten, Kreditgeber, die Öffentlichkeit bzw. Gesellschaft und der Staat (als Gesetz- und Infrastrukturgeber, als Steuerempfänger) bis hin zu einzelnen Bürgern, z.B. Anwohnern an einer Produktionsstätte. Die Tätigkeit des Unternehmens hat nun das Ziel, die Bedürfnisse dieser verschiedenen Gruppen zu berücksichtigen – und das geht natürlich weit über das Teammanagement hinaus. Zugleich können diese verschiedenen Gruppen aber auch etwas zum Unternehmen beitragen: ihre Arbeitskraft, ihre Produkte, ihre Wünsche und Ziele, ihren Anteil an Umweltbedingungen, ihre Akzeptanz. Das Diversity Management anerkennt zunächst einmal die Bedürfnisse dieser Gruppen und wirkt innerhalb des Unternehmens sowie ggf. mit anderen Abteilungen wie der PR auf eine synergetische Arbeit mit dieser Vielfalt hin.

Ziele von Diversity Management sind:

- Nutzung der Individualität der MitarbeiterInnen für den Unternehmenserfolg,
- produktive Gesamtatmosphäre im Unternehmen,

- soziale Diskriminierungen von Minderheiten verhindern,
- Chancengleichheit verbessern.

Diversity Management insgesamt bewegt sich zwischen den Polen Gleichstellungspolitik einerseits und proaktive Wettbewerbsorientierung andererseits. Ein Unternehmen oder eine Institution kann sich auf eines dieser Ziele konzentrieren oder es sogar zum Unternehmensziel haben, es kann aber auch diese Punkte unterschiedlich gewichten oder sich auf ausgewählte Unterschiede konzentrieren, z.B. einen Schwerpunkt auf Frauenförderung, auf Flüchtlingsintegration oder Arbeit für Menschen mit Behinderung legen – je nachdem, welche Merkmale als leistungsrelevant eingeschätzt werden. Hierin besteht ein wesentlicher Unterschied zur wissenschaftlichen Herangehensweise, die Sie möglicherweise im Studium kennengelernt haben: Es geht nicht in erster Linie um die kulturelle Bereicherung durch Vielfalt, sondern um die Leistungsfähigkeit von Organisationen. Da aber bekanntlich die Arbeitswelt einen großen Teil unserer Lebenszeit und auch der gesellschaftlichen Praxis darstellt, kann im besten Fall die Arbeit an der Leistungsfähigkeit Auswirkungen auf das Leben außerhalb der Organisation haben, und mittelbar arbeiten Unternehmen dann an einer Kultur der Vielfalt mit. Zumal dann, wenn der Umsatz und Einfluss mancher Unternehmen inzwischen so groß ist wie das Bruttoinlandsprodukt ganzer Staaten. Und umso mehr, wenn ein Unternehmen oder eine Organisation sich selbst in der Verantwortung sieht, kulturelle Vielfalt als gesellschaftlichen Wert zu leben und zu fördern.

Instrumente im Diversity Management sind z.B.:

- Zusammenstellung von Teams, bei denen strikt auf Unterschiede geachtet wird.
- Förderung von Angehörigen bestimmter Gruppen (Frauen, 50+, Migranten und Menschen mit Beeinträchtigung und Behinderung) zur Erlangung von Führungspositionen, zur Mitarbeiterbindung, zur Integration in laufende Teams und Projekte
- Teammanagement
- Bereitstellung von Kinderbetreuung
- Einrichtung von Arbeitsplätzen für Menschen mit Behinderung
- Konzepte zur Work-Life-Balance oder -Integration
- Aufbau interkultureller Kompetenzen
- Internationales Kulturmanagement, interkulturelle Verhandlungskompetenz
- Reputationsmanagement
- Diversity Marketing

Ein Hauptkritikpunkt lautet, es gehe nicht um Gerechtigkeit, sondern um Gewinn. Ziele seien die Positionierung des Unternehmens, die Effizienzsteigerung, die Markenbildung und das Recruiting, nicht die Herstellung von Gerechtigkeit. Seit das Allgemeine Gleichstellungsgesetz gilt, bedeutet Diversity Management im Zweifel auch die Vermeidung von Sanktionen. Damit geht es weniger um Minderheitenpolitik, Gerechtigkeit[8] und individuelle Förderung als um eine Anpassung der Unternehmenskultur an die Heterogenität der Mitarbeiter. Diversity Management wird überwiegend in internatio-

[8] Patricia Purtschert: Diversity Management: Mehr Gewinn durch weniger Diskriminierung? Von der Differenz im Umgang mit Differenzen, in: femina politica 16.1 (2007), S. 88-96.

nal tätigen Unternehmen, Konzernen, Unternehmenszusammenschlüssen, NGOs und Behörden systematisch und im Rahmen eigener Stellen bearbeitet. Es ist zudem tendenziell eher ein Thema der Fachkräfte- und Führungsebene und wird weniger im Bereich der gering Qualifizierten eingesetzt.

Seltener, aber dennoch deutlich, lautet die Kritik, Diversity habe Anliegen der Gleichstellung von Frau und Mann abgelöst und schade damit den Anliegen von Frauen in der Wirtschaft.[9]

Die meisten Geisteswissenschaftlerinnen kommen aus der Perspektive der Gender Studies, ethischen Diskussionen, politikwissenschaftlichen oder historischen Fragen nach Migration und Integration oder Machtverteilung zum Thema „Diversity“ und sehen sie eher als kulturell-sozialen Wert, als Feststellung oder als Wunsch, wie wir leben wollen, und weniger als Personalentwicklungsstrategie. Die berufliche Performance findet daher eher im öffentlichen Bereich statt, etwa als → Gleichstellungsbeauftragte.

Berufsbezeichnungen

Diversity Manager
Projektangestellter/-mitarbeiter Diversität
Diversity & Inclusion Management
MitarbeiterIn Antidiskriminierung
Koordinator Gleichstellung&Diversity
Diversity Trainer
ReferentIn Gleichstellungspolitik

---

[9] Purtschert, Patricia: Diversity Management: Mehr Gewinn durch weniger Diskriminierung? Von der Differenz im Umgang mit Differenzen, in: femina politica 16 (2007), Nr. 1, S. 88-96. Best practices unter www.charta-der-vielfalt.de/unterzeichner/best-practice/beispiele.html.

Tätigkeiten

- Etablierung, Verwaltung, Steuerung und strategische Weiterentwicklung des Diversity Managements oder einzelner Projekte im Unternehmen
- Erstellung von Gleichstellungsplänen
- Steuerung von Maßnahmen zur Steigerung der Vielfalt sowie zur Förderung einer darauf ausgerichteten Unternehmenskultur
- Kommunikation, Vernetzung und PR
- Dokumentation und Evaluation von Diversity Maßnahmen
- Training, Weiterbildung, Unterricht, Beratung
- Entwicklung von Unterstützungsangeboten
- Erarbeiten von wissenschaftlich fundierten Konzepten und Strategien

Alternativen

Selbstständigkeit als Berater/Coach/Trainer

Alternative Wege in das Diversity Management: Studium BWL mit Schwerpunkt Personal.

Alternative Tätigkeiten im Bereich Diversity/Gleichstellung: PR, Training.

Quereinstieg dokumentiert für Übersetzer, Absolventen der Neuphilologien, Lehrämtler.

Arbeitgeber

- Unternehmen und Konzerne mit Personalabteilung/Gleichstellungsabteilung
- Unternehmen mit Dienstleistungen und Beratungsangeboten im Bereich Gleichstellung, Diversity, Inklusion
- NGOs, NPOs, Vereine, Verbände, Gewerkschaften, politische Parteien
- Beratungsunternehmen mit Schwerpunkt Diversity

Beispiele

- Aktuelle Ausschreibungen bei Bertelsmann, der Deutschen Post, KPMG, PwC, Hamburger Hochbahn, Accenture.
- Beratungsunternehmen z.B. UngleichBesser Diversity Consulting, factor D.

Kompetenzen und Kenntnisse

Fachübergreifende Kompetenzen: Analysefähigkeit, Explorationskompetenz, Interkulturelle Kompetenz, Kommunikationskompetenz, Fremdsprachen, Publikationen erstellen, Recherche und Informationsbeschaffung, Textproduktion.

Soft Skills: Lösungsorientierung, Konfliktfähigkeit.

Sonstiges: Personalplanung, Personalentwicklung, bei Freiberuflichkeit Wissen über Existenzsicherung.

Inhaltliche Bezüge **aus allen Fächern** je nach Studienschwerpunkt: Gender, Diversität, Interkulturalität.

Aus den **fremdsprachigen Philologien, Kulturwissenschaften, Ethnologie, Religionswissenschaft:** Wissen über kulturelle Eigenarten und Ursachen.

Aus den **Sprachwissenschaften und der Kommunikationswissenschaft:** Text- und Gesprächslinguistik, diversitätsorientierte Sprache, Planung, Analyse und Auswertung von Kommunikationsprozessen und Medien.

Aus der **Pädagogik** und den **Fachdidaktiken:** (Weiter-)Bildungsplanung.

Aus der **Politikwissenschaft, Soziologie:** Datenerhebung, qualitative und quantitative Sozialforschung, Meinungsforschung, Statistik, Wissen über Diversitätsorientierte Politik, Frieden- und Konfliktstudien.

Aus **Soziologie** und **Pädagogik:** Gruppenbildung/Personalauswahl.

Netzwerke

- Internationale Gesellschaft für Diversity Management e.V. mit Diversity-Infothek
- Fachstelle Diversity Management im Netzwerk Integration durch Qualifizierung
- Bundesamt für Migration und Flüchtlinge (BAMF)
- Interkulturelles Zentrum Wien.
- Netzwerk für Frauen- und Geschlechterforschung NRW mit Recherche-Pool, Stellenbörse, Call for Papers, Veranstaltungsankündigungen

Studium und Weiterbildung

Studiengänge z.B.:

- Sozialwissenschaften: Migration und Integration, BA, Katholische Hochschule Mainz (international, zweisprachig deutsch-englisch)
- Gender and Diversity, BA, Hochschule Rhein-Waal (Kleve)
- Interkulturelle Pädagogik, BA, Uni Hannover
- Gender-Diversity, berufsbegleitendes Zertifikatsstudium, Uni Lüneburg
- Geschlechterstudien/Gender Studies, Uni Wien, Uni Bochum, Uni Graz, Uni Paderborn, HU Berlin, Uni Freiburg, Uni Bielefeld
- Interkulturelle Gender Studies, Uni Trier
- Kulturanalysen, Uni Oldenburg
- Geschlechterforschung, Uni Göttingen

Was Sie sonst tun können: Sprachen lernen, Auslandsaufenthalte, Arbeit in Freiwilligenprojekten, Zertifikatstudien DaF und DaZ (Deutsch als Fremd-/Zweitsprache).

Weiterbildungen

- Bildungswerk des Deutschen Gewerkschaftsbundes migration-online: Seminare, Trainings, Tagun-

gen, Publikationen, Beratungen, Service; Qualifikation für Menschen, die sich in der Arbeitswelt für Migration engagieren.
- Zusatzqualifikationen vom Bundesamt für Migration und Flüchtlinge: (Deutsch als Zweitsprache, Alphabetisierungskurse, Orientierungskurse, Arbeit mit traumatisierten Geflüchteten)

Jobbörsen und Stellenportale

http://diversity-jobs.de
www.via-bund.de/Diversity – Verband für Interkulturelle Arbeit
www.charta-der-vielfalt.de
www.integrationsbeauftragte.de
www.deutschlandstiftung.net

Bei einigen Unternehmen ist ein Einstieg mit Masterarbeit möglich (z.B. Allianz). Auch Praktikanten werden gesucht.

Rechtliche Grundlagen

Allgemeines Gleichbehandlungsgesetz

Online-Ressourcen

- Website der Integrationsbeauftragten der Bundesregierung
- Website der EU-Gleichbehandlungsstelle
- Fachstelle Diversity Management im Netzwerk Integration durch Qualifizierung, München
- Lindt & Sprüngli (Best Practice)

Zeitschrift

DIVERSITAS – Zeitschrift für Managing Diversity & Diversity Studies

Lektüre

Hans-Jürgen Aretz/Katrin Hansen: Diversity und Diversity Management im Unternehmen – Eine Analyse aus systemtheoretischer Sicht, Münster 2002.

Verena Bruchhagen/Iris Koall (Hg.): Diversity Outlooks – Managing Diversity zwischen Ethik, Profit und Antidiskriminierung, Münster 2007.

Bundesministerium für Familie, Senioren, Frauen und Jugend (Hg.) 3. Atlas zur Gleichstellung von Frauen und Männern in Deutschland (PDF)

Swetlana Franken: Personal: Diversity Management (Studienwissen kompakt), Heidelberg 2014.

Doris Gutting: Diversity Management als Führungsaufgabe: Potenziale multikultureller Kooperation erkennen und nutzen, Heidelberg 2015.

Barbara Weißbach/Hans-Jürgen Weißbach/Angelika Kipp: Managing Diversity. Konzepte – Fälle – Tools. Ein Trainings-Handbuch, Dortmund 2009

Referenz

http://wirtschaftslexikon.gabler.de/Archiv/1097117092/diversity-management-v1.html

Gleichstellungsbeauftragte

Anders als Diversity Manager sind Gleichstellungsbeauftragte überwiegend für die Umsetzung von Maßnahmen zur Anerkennung der gleichberechtigten Stellung von Frauen und Männern zuständig. Und anders als Diversity Manager können nur Frauen Gleichstellungsbeauftragte werden. Ihre Strategie und Legitimation entspringt nicht der Personalentwicklung oder der Kommunikation eines Unternehmens, sondern dem Gleichstellungsgesetz und dem Allgemeinen Gleichbehandlungsgesetz (s.u.). Innerhalb der Dienststelle oder Organisation nimmt die Gleichstellungsbeauftragte sowohl Kontroll- als auch Beratungsaufgaben wahr. Zunehmend rückt auch die Gleichbehandlung von Menschen mit und ohne Beeinträchtigungen und Behinderungen in den Blick. Hier sind Absolventinnen der Gender Studies, der Politik- und Geschichtswissenschaft mit einem Studien- und Arbeitsschwerpunkt oder sichtbarem ehrenamtlichen Engagement in Frauenthemen häufig vertreten.

Die Arbeit mit Behinderten wird eher von Kommilitoninnen mit (sonder)pädagogischem Studium gewählt. Da aber auch in diesem Bereich viel Arbeit auf die Wohlfahrtsverbände, Stiftungen, übergreifende Institutionen, Bildungseinrichtungen entfällt, insbesondere auch auf Medienarbeit in Nachrichtendiensten, Zeitschriften/Magazinen, Erstellung von Lernmedien, Betreuung von Social-Media-Plattformen, besteht für Studierende mit hoher Affinität zu diesen Medien und zur Thematik natürlich auch die Möglichkeit zum Einstieg und zur Spezialisierung.

Hinzu kommen Tätigkeiten als Migrations-, Integrations- und Flüchtlingshelfer, im interkulturellen Bildungsbereich, in der interkulturellen Jugendarbeit, bei

Verbänden, Vereinen und Gewerkschaften, in der Verwaltung oder in der Politik als Politiker oder Referent. Typische Arbeitgeber sind die öffentliche Verwaltung, Hochschulen, Krankenhäuser, Konzerne, Unternehmen und Institutionen in der interkulturellen Bildung und Jugendarbeit.

Letztens lohnt auch der Blick in klassische Arbeitsfelder für GeisteswissenschaftlerInnen mit einem inhaltlichen Schwerpunkt auf Diversity, Gender, Gleichstellung etc.: Es gibt spezialisierte Verlage, Archive, journalistische Produkte, wissenschaftliche Tätigkeiten an Hochschulen und in Stiftungen.

Berufsbezeichnungen
Gleichstellungsbeauftragte
Frauenbeauftragte
Beauftragte für Chancengleichheit
ReferentIn Gleichstellungspolitik

Tätigkeiten

- Mitwirkung an allen personellen, sozialen und organisatorischen Angelegenheiten der Dienststele, die die Gleichstellung der Geschlechter, den Schutz vor sexualisierter Gewalt und die Vereinbarkeit von Familie und Erwerbsleben betreffen.
- Erstellung und Umsetzung des Gleichstellungsplans
- Kontrolle der Ziele des Bundesgleichstellungsgesetzes
- Verhinderung auch der mittelbaren Diskriminierung von Frauen
- Gender Mainstreaming
- Beratung, Konfliktschlichtung

Arbeitgeber
Behörden, öffentliche Verwaltung, Hochschulen
Unternehmen, NGOs, NPOs

Kompetenzen und Kenntnisse
Inhaltliche Bezüge **aus allen Fächern** je nach Studienschwerpunkt: Gender, Frauenforschung, Gender Mainstreaming.
Fachübergreifende Kompetenzen: Analysefähigkeit, Argumentationsfähigkeit, Erhebungsmethoden, Explorationskompetenz, Interkulturelle Kompetenz, Kommunikationskompetenz, Publikationen erstellen, Recherche und Informationsbeschaffung.

Soft Skills: Lösungsorientierung, Konfliktfähigkeit, Empathie, Durchsetzungsfähigkeit, moderieren können.

Sonstiges: Wissen über Gleichstellungs- und Gleichbehandlungsrecht, Beratungsstellen, politische und wirtschaftliche Netzwerke, Personalplanung.

Aus der **Kommunikationswissenschaft, Medienwissenschaft, Soziologie, Politikwissenschaft:** Planung, Analyse und Auswertung von Kommunikationsprozessen und Medien, qualitative und quantitative Sozialforschung: Erstellung von Lernmaterial, Wissen über Politik, soziale Gruppen, Identitätsbildung, Geschlechtsinduzierte Konflikte, Sozialpolitik, Sozialplanung, Personalauswahl/Gruppenbildung.

Rechtliche Regelungen für die Tätigkeit
Gesetz für die Gleichstellung von Frauen und Männern in der Bundesverwaltung und in den Unternehmen und Gerichten des Bundes (Bundesgleichstellungsgesetz – BGleiG). Allgemeines Gleichbehandlungsgesetz (inkl. Schutz vor sexualisierter Gewalt). Darüber hinaus gelten die Gleichstellungsgesetze der Länder.

Jobbörsen

www.interamt.de – Stellenportal für den öffentlichen Dienst

Gleichstellungsbeauftragte werden nicht nur über Ausschreibungen gesucht, sondern häufig aus dem Personalstab der Behörde oder Einrichtung gewählt. Insofern kann auch ein umweghafter Einstieg über eine andere Abteilung erfolgen.

Zeitschriften

www.feministische-studien.de mit Blog

www.gender-zeitschrift.de

GiP [Gleichstellung in der Praxis]- elektronische Zeitschrift für Gleichstellungs-Aktive mit Blog. Die GiP bietet Ihnen aktuelle Informationen zu Gleichstellung und Gleichbehandlung mit Praxistipps, Problemlösungen für Ihre tägliche Arbeit sowie Diskussionen aus Wissenschaft und Politik, Konzepte von Diversity, Antidiskriminierung und Gender Mainstreaming und Rechtsprechung zur Gleichstellung.

Online-Ressource

http://dasGleichstellungsWissen.de (Website mit Informationen und Content für Gleichstellungsbeauftragte zu Gender und Beeinträchtigte/Behinderte; mit Blick ins Ausland)

Literatur

Sabine Berghahn/Ulrike Schultz (Hg.): Rechtshandbuch für Frauen- und Gleichstellungsbeauftragte. Recht von A-Z für Frauen- und Gleichstellungsbeauftragte in der Öffentlichen Verwaltung, Unternehmen und Beratungsstellen (2 Bände), Hamburg 2013.

Eva Blome/Alexandra Erfmeier/Nina Gülcher/Sandra Smykalla: Handbuch zur Gleichstellungspolitik an Hochschulen.

Von der Frauenförderung zum Diversity Management?, Heidelberg [2]2014.

Referenz

http://berufenet.arbeitsagentur.de: Gleichstellungsbeauftragte
http://berufenet.arbeitsagentur.de: Integration

Übersetzer und Dolmetscherin

Neulich in einer Buchhandlung fiel mir ein Buch in die Hände, das mich Staunen machte: Der chinesische Klassiker „Die Reise in den Westen". Es umfasst in der gebundenen Reclam-Ausgabe mehr als 1.300 Seiten. 100 Holzschnitte sind ihm beigegeben. Ein riesiges Werk, und da es ein *chinesischer* Klassiker ist, brauchte es jemanden, der ihn übersetzt hat: Eva Lüdi Kong arbeitete siebzehn Jahre lang daran. Sie lebte in China und sie suchte und fand Gesprächspartner. Sie halfen ihr, enigmatische Begriffe zu entschlüsseln und die Übersetzung für uns verständlich zu machen, wenn es keine Entsprechung bei uns gibt, z.B. für das Prinzip *Dao*. Die Literaturübersetzung ist zweifellos die Schöpfung eines eigenen Werks; für sie gilt entsprechend auch das Urheberrecht.

Überwiegend haben Übersetzerinnen allerdings mit technischen, wirtschaftlichen oder juristischen Texten zu tun. Sie übersetzen Betriebsanleitungen, medizinische Gutachten, Zeugnisse, Gerichtsurteile und Verträge. Manche Übersetzer erarbeiten Terminologien für ihren Aufgabenbereich. Sie bereiten beispielsweise die Fachterminologie eines Unternehmens in einer oder mehreren Fremdsprachen auf und führen zentrale Terminologiedatenbanken. Übersetzerinnen können auch behördlichen und kaufmännischen Schriftverkehr in eine Fremdsprache übertragen.

In der Regel haben Übersetzer ausschließlich mit Fachtexten zu tun. Sie müssen sich daher die nötige Sachkenntnis verschaffen und gezielt recherchieren. Vor allem technische Übersetzerinnen können sich auf ein bestimmtes Fachgebiet spezialisieren – z.B. auf Maschinenbau oder Elektrotechnik.

Zwischen Übersetzerinnen und Dolmetschern wird unterschieden: Übersetzerinnen widmen sich dem geschriebenen, Dolmetscher dem gesprochenen Wort. Dolmetscher/innen müssen sich mit den zu übertragenden Themen und Inhalten vertraut machen: Sie lesen sich in die entsprechenden Fachgebiete ein, recherchieren im Internet und legen Wörterlisten an. Diese privaten Wörterbücher begleiten sie meist bei der Arbeit. Sie müssen sich gut konzentrieren können, um beim Simultandolmetschen zugleich die Ausgangssprache zu hören und (während der Rede des anderen) in der Zielsprache sprechen. Beim Konsekutivdolmetschen werden dagegen Abschnitte abgewartet und dann übersetzt. Flüsterdolmetschen kommt bei politischen Spitzengesprächen vor – für eine Person werden Texte übertragen und ins Ohr geflüstert. Diese Arbeit ist sehr anstrengend und setzt zudem eine große Nähe zu der Person voraus, für die übersetzt wird.

Eine Tendenz weist derzeit in Richtung Videodolmetschen, um den gestiegenen Bedarf zu befriedigen und den globalen Vernetzungen von Unternehmen und Wirtschaftsprozessen zuarbeiten zu können. Es lohnt sich, einmal kurz über diese Tendenz nachzudenken. Zunächst mag man denken, dass es zunehmend zu den Anforderungen gehört, selbst videodolmetschen zu können. Allerdings ist auf diese Weise auch der Markteintritt ausländischer Anbieter wesentlich einfacher, die Konkurrenz nimmt zu und die Honorare sinken.

Weitere Veränderungen infolge der Digitalisierung umfassen das computergestützte Übersetzen, z.B. mit Terminologiedatenbanken.

Grundsätzlich ist „Übersetzer" oder „Dolmetscherin" keine geschützte Berufsbezeichnung; jede/r darf sich so nennen. Absolventen einer Ausbildung zum Übersetzer oder Quereinsteiger, die einen Nachweis über gehobene Fremdsprachenkenntnisse und übersetzungsmethodische Fähigkeiten erbringen, können nach Bestehen der staatlichen Übersetzerprüfung als „staatlich geprüfte Übersetzer" firmieren.[10] Das ist nicht identisch mit der Zulassung als beeidigter oder öffentlich bestellter Übersetzer – um beglaubigte Übersetzungen anzufertigen, sind eine eigene Zulassung und Beeidigung erforderlich.[11]

Zuständig für die Anerkennung ausländischer Qualifikationen ohne Beeidigung ist www.ihk-fosa.de. Bei der Suche nach der zuständigen Stelle für die berufliche Anerkennung helfen die Anerkennungs- und Qualifizierungsberatungsstellen des IQ-Netzwerks (Integration durch Qualifzierung).

Berufsbezeichnungen

DolmetscherIn
ÜbersetzerIn
Fremdsprachensachverständige (z.B. am Gericht, bei notariellen Beurkundungen)
Sprachdienstleister (Selbstständige, Übersetzungsunternehmen)
Projektmitarbeiter Übersetzung und Lokalisierung, globales Marketing
Translation Engineer
Translator/Transcreator
Fremdsprachliche Mitarbeiter

[10] Hier geht es zu den Prüfungsämtern nach Bundesländern: www.bdue.de/der-beruf/wege-zum-beruf/staatliche-pruefung.
[11] Die in den jeweiligen Bundesländern zuständigen Behörden finden Sie hier: http://bdue.de/der-beruf/beeidigte.

Tätigkeiten

Dolmetschen

- Gesprochene Sprache in eine andere Sprache übertragen
- Konferenzschriftstücke in einer Fremdsprache vortragen und übersetzen
- Relais-Dolmetschen: das in der Originalsprache Gehörte in eine „Zwischensprache" (z.B. Englisch) übertragen, von der aus es durch weitere DolmetscherInnen in die Zielsprache übertragen wird

Übersetzen

- Fachtexte aller Art übersetzen: technische, naturwissenschaftliche, medizinische, juristische und wirtschaftliche Texte, z.B. Betriebsanleitungen, Kataloge, medizinische Gutachten, Verträge, Urteile, Fachliteratur für Bücher und Zeitschriften
- fremdsprachige Filme, Hörfunk- und Fernsehsendungen übersetzen
- geschäftlichen Schriftverkehr übersetzen, ggf. auch literarische Texte (Prosa, Gedichte, Dramen)
- fremdsprachige Texte auswerten, Original- und Zieltexte hinsichtlich sachlicher und sprachlicher Richtigkeit überprüfen, bearbeiten, zusammenfassen und kommentieren.
- fremdsprachliche Texte nach Vorgabe selbstständig abfassen
- Wörterbücher und computergestützte Terminologiedateien bzw. -datenbanken erstellen und bearbeiten
- an Forschungsvorhaben mitwirken
- Vorlesungen und Seminare durchführen, ggf. schriftliche Arbeiten korrigieren, Prüfungen abnehmen
- Forschungsberichte verfassen, Fachvorträge halten

Alternativen

Freiberuflichkeit, Selbstständigkeit mit Übersetzungsbüro

Fremdsprachenlehre, Lehrtätigkeit an Hochschulen, Forschungsreferent, Wirtschaftsdolmetscher, Fremdsprachenkorrespondent

Arbeitgeber/Auftraggeber

- Verlage, (Medien-)Unternehmen, international tätige Unternehmen
- diplomatische Vertretungen
- Übersetzungsbüros
- Dolmetscherdiensten
- EU-Institutionen, internationale Organisationen
- Behörden (Bundessprachenamt, Polizei, auswärtiges Amt, Ausländerangelegenheiten, Gerichte)
- Hochschulen und Forschungsbereiche
- Medien, Hörfunk und Fernsehen
- Jobcenter, Kliniken
- Privatleute

Beispiele

Lionbridge (mit Tochterunternehmen), neo communication (Schweiz), Institut für technische Literatur, Welocalize, WordInc, A.C.T., Comlogos, exact! Sprachenservice und Informationsmanagement, LinguaPoint
Behörden: Sprachendienst des Auswärtigen Amts, Bundesnachrichtendienst, Bundesamt für Verfassungsschutz, Ministerien,

Kompetenzen und Kenntnisse

Inhaltliche Bezüge **aus allen Fächern** je nach Studienschwerpunkt: Fremdsprachenkenntnisse, Interkulturalität, Wissen über Kultur und Geschichte anderer Länder.

Fachübergreifende Kompetenzen: Textanalyse, Redaktion, tätigkeitsbezogener IT-Einsatz, Textsortenwissen, Lektorat, Textproduktion.

Soft Skills: Sprachgefühl, Selbstorganisation, Lernbereitschaft, Konzentrationsfähigkeit, Kommunikationsfähigkeit, Umgangsstil, Stressresistenz.

Sonstiges: für Fachübersetzer und -dolmetscherinnen Wissen und Fachterminologien aus den jeweiligen Einsatzgebieten (Technik, Recht), Wissen über rechtliche Regelungen (Dolmetschergesetze), bei Freiberuflichkeit Fähigkeit zur Existenzsicherung.

Aus den **fremdsprachigen Philologien, Sprachwissenschaft, Germanistik:** überdurchschnittlich gute Beherrschung von Ziel- und Ausgangssprache(n), Sprachkompetenz und -gefühl, Phonetik, Linguistik, Wissen über Dialekte, Lexikografie, intertextuelle Verfahren, Gesprächslinguistik, Sprache unterrichten.

Aus **Ethnologie und Kulturwissenschaften**: Wissen über Intertextuelle Verfahren.

Aus der **Kommunikationswissenschaft:** Planung, Analyse und Auswertung von Kommunikationsprozessen.

Rechtliche Hinweise

Für beglaubigtes Übersetzen oder Dolmetschen müssen Sie als beeidigte oder öffentlich bestellte/ermächtigte Dolmetscherin/Übersetzerin zugelassen sein. Informationen finden Sie im Dolmetschergesetz Ihres Bundeslandes.

Die ISO-Norm EN 15038 regelt die Qualitätssicherung in Übersetzungsdienstleistungen. Das Einhalten dieser Norm geschieht freiwillig.

Studium und Weiterbildung

Beispiele für Studiengangbezeichnungen:

- Fachübersetzen (Wirtschaft oder Technik)
- Internationale Fachkommunikation und Übersetzen
- Mehrsprachige Kommunikation
- Sprache, Kultur, Translation
- Übersetzen (Chinesisch)
- Übersetzungswissenschaft/Translationswissenschaft
- Literarisches Übersetzen
- Dolmetschen
- Fach- und Medienübersetzen

Das grundständige Studienfach Dolmetschen, Übersetzen vermittelt wissenschaftliches und praktisches Grundlagenwissen in Grammatik und Terminologie der gewählten Fremdsprachen, im praktischen Übersetzen bzw. Dolmetschen sowie in interkultureller Kompetenz. Daneben besteht die Möglichkeit, eine schulische Ausbildung oder eine Weiterbildung zum Dolmetscher bzw. Übersetzer/zur Dolmetscherin bzw. Übersetzerin zu absolvieren.

Die **schulische Ausbildung** an Fachakademien ist landesrechtlich geregelt und umfasst meist drei Jahre. Auch private Anbieter sind am Markt; die Ausbildungen folgen internen Regeln und sind von unterschiedlicher Dauer.

Weiterbildung an **Weiterbildungsinstituten, Zertifikatstudien:** Übersetzen, Dolmetschen, Fremdsprachen, kommunikative Kompetenz, interkulturelle Kompetenz, Wirtschaftssprachen, Korrespondenz.

Alternativ kann auch ein Studium der Fremdsprachendidaktik den Quereinstieg ermöglichen.

Netzwerke

- Bundesverband der Dolmetscher und Übersetzer e.V. (BDÜ)
- Internationaler Verband der Konferenzdolmetscher Region Deutschland (AIIC) (inkl. Aus- und Fortbildungen sowie Nachwuchsförderung)
- Verband deutschsprachiger Übersetzer literarischer und wissenschaftlicher Werke e.V. (VdÜ)
- Deutscher Verband der freien Übersetzer und Dolmetscher
- ATICOM, Fachverband der Berufsübersetzer und Berufsdolmetscher e.V.
- UNIVERSITAS – Österreichischer Übersetzer- und DolmetscherInnenverband
- Generaldirektion Dolmetschen der Europäischen Kommission (SCIC)
- Direktion Dolmetschen des Europäischen Parlaments
- Deutsche Gesellschaft für Übersetzungs- und Dolmetschwissenschaft
- Internationale Konferenz der Universitätsinstitute für Dolmetscher und Übersetzer (CIUTI)

Jobbörsen/Stellenportale

- http://bdue.de/fuer-dolmetscher-uebersetzer/stellenmarkt/
- http://aticom.de/stellenangebote/

Online-Ressource

uepo.de – Das UebersetzerPortal

Zeitschriften

Lebende Sprachen. Zeitschrift für interlinguale und interkulturelle Kommunikation

MDÜ – Fachzeitschrift für Dolmetscher und Übersetzer

trans-kom. Zeitschrift für Translationswissenschaft und Fachkommunikation

Translation Journal

TransRelations

Literatur

Umberto Eco: Quasi dasselbe mit anderen Worten: Über das Übersetzen, München 2009

Karin Königs: Übersetzen Englisch – Deutsch: Lernen mit System, München [3]2011

Ingrid Kurz/Angela Moisl: Berufsbilder für Übersetzer und Dolmetscher: Perspektiven nach dem Studium, Wien [2]2002

Heinz Matyssek: Handbuch der Notizentechnik für Dolmetscher: Ein Weg zur sprachunabhängigen Notation, Heidelberg 2012

Annika Selnow: Basiswissen für Dolmetscher – Deutschland und Frankreich (Transkulturalität – Translation – Transfer), Berlin 2014

Referenzen

http://berufenet.arbeitsagentur.de: Dolmetscher

Richtlinie 2005/36/EG des Europäischen Parlaments und des Rates vom 7. September 2005 über die Anerkennung von Berufsqualifikationen

Fremdsprachenlehrer

In einer internationalisierten Wirtschaftswelt ist Fremdsprachenkompetenz ein hohes Gut. Sie bedeutet in Auswahlverfahren einen Vorteil. Sie ist für manche berufliche Praktiken unerlässlich; Teil von Qualifikation und Prüfungen. Businesssprache, Verhandlungssprache. Tagungssprache in internationalen Kontexten ist Englisch.

Auch jenseits von Beruf und Qualifikation spielen Fremdsprachen eine wichtige Rolle. Menschen lernen zur Reisevorbereitung, aus Begeisterung für eine Sprache oder für ein Land. Von Jorge Luis Borges heißt es, er habe nur deshalb Deutsch gelernt, damit er Kafka im Original lesen konnte; für Christopher Lee war es Wagner. Paul McCartney engagierte einen Sprachcoach, um mit seinen Fans in deren Muttersprache kommunizieren zu können. Peter Ustinov sprach acht Sprachen, sechs davon fließend; sie waren Muttersprachen in seiner kosmopoliten Familie.

Meine Nachbarin, just im Ruhestand, grämt sich hingegen, dass der wöchentliche Englischkurs bei der KFG nicht weitergeführt wird, weil die Studentin-Lehrerin jetzt mit dem Studium fertig ist – „Ohne Englisch verstehen Sie heute doch die Hälfte nicht." Ihr geht es um Partizipation. Den Eltern, die mit ihrem zweijährigen Kind zum Chinesisch-Unterricht gehen, wird oft nachgesagt, Sie triebe fehlgeleiteter Ehrgeiz. Oft geht es aber nur um einen anregenden Ausbruch aus der Einsamkeit – Lernen ist auch weiterhin ganz wesentlich sozial. Folglich eröffnen sich Perspektiven in der Kleinkindfremdsprachendidaktik, in der Eltern-Kind-Fremdsprachendidaktik und, als Anti-Reaktion auf den Wunsch nach Gesellschaft online- und E-Learning-Angebote für das Fremdsprachenlernen.

Motive, um Fremdsprachen zu lernen, gibt es also genug. Fremdsprachenlehrerinnen allerdings nicht unbedingt. Wenn Sie sich irgendwie als Geisteswissenschaftlerin mit wissenschaftlichem Abschluss in den Lehrerberuf quereinsteigen wollen: Mit Fremdsprachen sind die Chancen noch am höchsten. Selbsterhaltungstrieb mag für den Einstieg auch eine Rolle spielen. Markus Huth verkündete im KarriereSpiegel online:

„Für arbeitslose Geisteswissenschaftler ist die Flüchtlingskrise eine Chance: Sie können als Sprachlehrer arbeiten – auch ohne pädagogische Ausbildung. Schlecht bezahlt, aber besser als Hartz IV.“[12]

Na, sehen Sie! Falls Ihnen der Beruf jetzt nicht mehr glamourös genug erscheint: Haben Sie Geduld. Wie Tolkein und J.K. Rowling.

Das Studienangebot allein an Universitäten zu Sprachen ist sehr umfangreich – über 500 Studiengänge sind aktuell aktiv. Um Fremdsprachenlehrerin zu werden, können Sie ganz allgemein eine Fremdsprache studieren („auf Lehramt“, wenn Sie ins Lehramt möchten; für die Erwachsenenbildung ist das Staatsexamen nicht zwingend). Alternativ gibt es Masterprogramme zur Fremdsprachendidaktik, interkulturellen Sprachwissenschaft, Übersetzungswissenschaft, Phonetik, Wirtschaftssprache, Wörterbuchforschung, Computerlinguistik oder Linguistik mit Schwerpunkt Psycholinguistik.

Regelmäßige Fortbildungen werden nicht ausbleiben: Das Lernen selbst verändert sich, und auch Sprachen sind lebendig.

Alternativen zum Studium sind eine kaufmännische Ausbildung zur Fremdsprachenkorrespondentin an einer

---

[12] http://www.spiegel.de/karriere/deutsch-fuer-fluechtlinge-arbeitslose-akademiker-als-sprachlehrer-a-1081258.html (Artikel vom 13.3.2016).

Berufsfachschule oder eine berufsbegleitende Weiterbildung an Studieninstituten mit IHK-Zertifizierung. Gleiches gilt für den Ausbildungs-/Weiterbildungsberuf Fremdsprachensekretärin oder Fremdsprachenassistentin. Diese Tätigkeiten sind in der Regel stark auf die wirtschaftlichen Bedürfnisse eines Unternehmens bezogen; der sprachliche Bereich umfasst Wirtschaftssprache, hinzukommen Unterrichtseinheiten in BWL und IT.

Berufsbezeichnungen
FremdsprachenlehrerIn
EnglischlehrerIn – das können Sie nun für alle Sprachen durchspielen
Sprachtrainer

Tätigkeiten
- Sprachkurse leiten
- Einzel- und Gruppenunterricht erteilen
- Vorbereitung und Durchführung von Prüfungen und Bewerten
- Lehrmaterial auswählen bzw. erstellen
- MitarbeiterInnen auf Auslandsaufenthalte vorbereiten

Arbeitgeber
- Fremdspracheninstitute
- Sprachenzentren (Anbieter von Sprachlernkursen und –prüfungen)
- Sprachlernzentren (Forschung und Didaktik zum Fremdsprachenerwerb)
- Privatschulen
- Volkshochschulen
- Nachhilfeinstitute
- Goethe-Institute

- Große, international tätige Unternehmen mit eigener Schulungsabteilung
- Personalvermittlung für Lehrkräfte im Ausland
- Öffentliche Verwaltung, z.B. Bundesnachrichtendienst in der Abteilung Technische Aufklärung
- Hochschulen (Zentren für Sprachlehre)
- Verlage
- Unternehmen, die digitales Sprachlernen anbieten oder unterstützen

Beispiele

Lernstudio Barbarossa, Fremdsprachenforum, Schülerhilfe, ABACUS, China Plus, Langenscheidt, Pons, Westermann Gruppe, Friedrich Verlag, Oldenbourg Verlag, Cornelsen Verlag, Ernst Klett Verlag, http://storyplanet.de, babbel.de, Pons, tandem, BBC Languages, Busuu

Alternativen

Freiberuflichkeit kommt in Frage oder auch die (gewerbliche) Gründung einer eigenen Sprachschule.

Für Lehrer als Freiberufler gilt Rentenversicherungspflicht (SGB VI §2,1).

Alternative Tätigkeiten: Dolmetschen, Übersetzen, Phonetiker (Softwareentwicklung/Sprachsteuerung, Kriminologie), Computerlinguistik, Lektorin/Autorin Fremdsprachenlernmaterial, wissenschaftliche Mitarbeit an einem Sprachlernzentrum einer Hochschule

Kompetenzen und Kenntnisse

Inhaltliche Bezüge **aus allen Fächern** je nach Studienschwerpunkt: Fremdsprachenkenntnisse, Interkulturalität, Wissen über Kultur und Geschichte anderer Länder.

Fachübergreifende Kompetenzen: Textanalyse, tätigkeitsbezogener IT-Einsatz, Textsortenwissen, Unterricht/Lehre/Präsentation.

Soft Skills: Sprachgefühl, Motivation, Belastbarkeit, Teamfähigkeit, Einführungsvermögen, Menschenkenntnis, Kommunikations- und Kritikfähigkeit, Stressresistenz, Organisationsfähigkeit, Präsentationstechniken, Geduld.

Sonstiges: bei Freiberuflichkeit Fähigkeit zur Existenzsicherung; je nach Sprache kann ein Zertifikat erforderlich sein, z.B. TEFL.

Aus den fremdsprachigen Philologien, Germanistik: vertiefte Kenntnisse der Fremdsprache in Wortschatz, Grammatik, Phonetik, Rechtschreibung, Stil, Sprachpraxis, gute Kenntnisse der deutschen Grammatik, Spracherwerb,

Aus **Geschichte, Ethnologie, Soziologie**: Kenntnis historischer, ethnischer, sozialer Zusammenhänge von Sprache

Aus **Pädagogik** und den **Fachdidaktiken**: pädagogische Methodenkompetenzen, Fremdsprachendidaktik, Erstellung von Lernmaterial, (Weiter-)Bildungsberatung und -planung, Lernzielkontrolle.

Studium und Weiterbildung

- eine oder mehrere Fremdsprache(n): Anglistik, Romanistik, Galloromanistik, Hispanistik, Russisch/Slavische Philologie
- Studium der Linguistik/Sprachwissenschaft
- Studium Fremdsprachendidaktik (Master)
- Ergänzend: Deutsch als Fremd-/Zweitsprache
- Zertifikatstudien gibt es ebenfalls, etwa „Bilingual Teaching and Learning“, Uni Hildesheim

Linkkatalog zur Ausbildung in Sprachen:
http://dmoztools.net/World/Deutsch/Wissenschaft/Geisteswissenschaften/Linguistik/Sprachen/Ausbildung/

Netzwerke

- Gesamtverband Moderne Fremdsprachen
- Deutscher Spanischlehrerverband
- Verband der Englischlehrerinnen und Englischlehrer
- Vereinigung der Französischlehrerinnen und -lehrer
- Deutscher Russischlehrerverband
- Niederlandistenverband (nicht nur Lehrer)
- Fachverband Skandinavistik
- Fachverband Chinesisch
- Deutscher Volkshochschulverband

Jobbörsen/Stellenportale

www.fremdsprachen-jobs.de (auch Freelancer)

Ein Einstieg ist teils mit BA-Abschluss möglich, wenn Sprachzertifikat und Unterrichtserfahrung vorliegen, z.B. bei China Plus.

Online-Ressourcen

www.europaeischer-referenzrahmen.de

www.kmk.org/themen/allgemeinbildende-schulen/unterrichtsfaecher/fremdsprachen.html

www.sprungbrett-intowork.de/lehrkraefte/infopool-fuer-lehrkraefte/ (Materialien, Links zu Gesetzen, für Bayern)

Wikipedia: Arbeitskreis der Sprachenzentren, Sprachlehrinstitute und Fremdspracheninstitute (AKS)

Zeitschrift:

Fremdsprachen Lehren und Lernen

Literatur

Karl-Richard Bausch/Herbert Christ/Hans-Jürgen Krumm (Hg.): Handbuch Fremdsprachenunterricht, Tübingen/Basel ^{6}2016

Wolfgang Butzkamm: Psycholinguistik des Fremdsprachenunterrichts. Von der Muttersprache zur Fremdsprache, Tübingen/Basel ³2002

Wolfgang Hallet/Frank G. Königs (Hg.): Handbuch Fremdsprachendidaktik, Stuttgart 2013

Referenz

Daniela Stolte: FremdsprachenlehrerIn, in: www.karista.de/berufe/fremdsprachenlehrer/karriere

Bildungsmanagement

Irgendwas mit Bildung, aber nicht Lehrer an einer staatlichen Schule – der Wunsch ist nicht so selten zu hören. Das Interesse für Bildungsberufe ist unter GeisteswissenschaftlerInnen ausgeprägt, und oft ist ein früher, studienbegleitender Einstieg möglich: Tutorentätigkeit, ein Job als NachhilfelehrerIn oder VHS-DozentIn, ehrenamtlicher Sprachunterricht in der Geflüchtetenhilfe. Und Bildung hat Konjunktur. Lebenslanges Lernen ist neben einer beruflichen Notwendigkeit auch zu einem Lifestyle geworden, der Bolognaprozess hält die Hochschulen auf Trab, Unternehmen investieren in die Ausbildung und Entwicklung ihres Personals, um wettbewerbsfähig zu bleiben oder Innovationen zu fördern, traditionelle Bildungsinstitutionen passen Lern- und Führungsmethoden an. Es gibt also genug zu tun, und das auch noch sowohl in Zentren als auch in Peripherie und sogar mit der Möglichkeit zu Teilzeitstellen.

Eine Herausforderung ist mitunter das Überschreiten der Schwelle vom intuitiven Unterrichten und Anleiten und einem humanistischen Bildungskonzept einerseits zur professionellen Planung, Steuerung und Bewertung von Lern- und Bildungsprozessen andererseits. Bildung (auch) als Ware zu verstehen, insbesondere dann, wenn wir bislang selbst in einem Bildungsprozess waren und nun in eine neue Rolle wechseln, trifft manchmal auf innere Widerstände.

Die Bewertung eines Bildungsangebots hängt im Studienkontext möglicherweise noch von einem idealen Bildungskonzept und von Bildungsbegrifflichkeiten ab. In der beruflichen Praxis spielen das Verhältnis von Kosten und Nutzen, die Qualitätsstandards einer Branche oder einer Institution und rechtliche Rahmenbedingungen eine Rolle, und diese können zu Konflikten mit der eigenen Vorstellung von Bildung führen.

Aktuelle Ausschreibungen gelten Bildungreferenten und Bildungsmanagern. In der normativen Definition wird Ersteren eher die Konzeption, inhaltliche Planung und Organisation sowie das Durchführen von Veranstaltungen zugeschrieben – was meist mit einer höheren inhaltlichen Affinität und auch der Voraussetzung inhaltlicher und methodischer Fachkompetenzen aus dem geisteswissenschaftlichen Studium einhergeht. Bildungsmanager arbeiten aus dieser definitorischen Perspektive eher aus betriebswirtschaftlicher Sicht: Organisations- und Personalentwicklung, Bildungsmarketing, Bildungscontrolling gehören in ihr Ressort. Überprüft man diese theoretische Einteilung an den Stellenausschreibungen, sieht man schnell, dass die Zuschreibung von Tätigkeiten zur Berufsbezeichnung variieren, ineinander übergehen und an den Strukturen der Institution oder des Unternehmens ausgerichtet sind. Analytisch ist es also wichtig, Lernprozessebenen und Zuständigkeiten des Bildungsmanagements zu kennen, in der Praxis sind sie hingegen nicht so trennscharf. Wichtiger scheinent mir eine hohe Methodenkompetenz und das Kennen von Maßnahmen und Instrumenten in Lern- und in Bildungsmanagementprozessen.

Die systematische Bildungsarbeit und die Gestaltung und Optimierung von Schulen wird Schulmanagement genannt. Eine wesentliche Aufgabe besteht darin, Kontextbedingungen wie gesetzliche Rahmen, Ressourcen und Schulumfeld in spezifische Lern- und Entwicklungsprozesse zu übertragen. Dazu gehören konkret die Personalplanung, die Schulorganisation, das Qualitätsmanagement, die Gestaltung und Entwicklung von Unterricht und Lerneinheiten und das Sicherstellen von sinnvollen Arbeitsstrukturen. Auch Kooperationen, z.B. mit Eltern, Schulträgern und Schulaufsicht, gehören in diesen Aufgabenbereich. Häufig ist das Schulmanagement Aufgabe der Schulleitung. Hier sind in den letzten Jahren organisatorische Aufgaben für SchulleiterInnen hinzugekommen, die professionelle Tätigkeiten an Schulen erweitern.

Erfahrung sammeln können Sie oft bereits studienbegleitend, oft zunächst in eigener Lehrtätigkeit. Tutorentätigkeit, ein Job als NachhilfelehrerIn oder VHS-DozentIn, ehrenamtlicher Sprachunterricht in der Geflüchtetenhilfe; einzelne Unternehmen bieten sogar Werkstudententätigkeiten an – was für unsere Fächer sonst nicht so häufig zu finden ist. Wenn Sie nicht auf Lehramt oder Pädagogik studieren, ist es sinnvoll, ebenfalls studienbegleitend pädagogische oder didaktische Weiterbildungsangebote zu nutzen; das können Didaktikseminare sein, aber auch Weiterbildungsangebote des Zentrums für Schlüsselqualifikationen o.ä. mit Schwerpunkt Präsentieren, Evaluieren etc. Auch Nebenjobs oder Praktika bei Bildungsanbietern sind als erste Erfahrungen sinnvoll, und zwar nicht nur als DozentIn, sondern gerade in der Verwaltung und Organisation z.B. einer VHS oder eines anderen Bildungsanbieters.

Berufsbezeichnungen/Ausschreibungen

BildungsreferentIn
ReferentIn/MitarbeiterIn Personalentwicklung/Weiterbildung
SachbearbeiterIn berufliche Bildung
BildungsmanagerIn
Schulmanagement
(Junior)Consultant E-Learning
Study Coordinator

Tätigkeiten
Die Tätigkeiten können unterschiedliche inhaltliche Schwerpunkte haben, die dann möglicherweise mit Ihren Studieninhalten korrespondieren (z.B. Gender, Migration, soziale Benachteiligung, berufliche Bildung, Literacy, Interkulturalität, Begabtenförderung). Solche inhaltlichen Schwerpunkte werden in den Stellenausschreibungen häufig abgebildet und bewirken eine große Spannbreite. Darum sind hier die Gemeinsamkeiten gefasst, unten nur kurz differenziert für wesentliche Unterschiede nach Arbeitgebern.
Allgemein:

- Planung, Organisation, Koordination, Dokumentation, Evaluation, Qualitätssicherung von Bildungsprogrammen und -prozessen
- Information und Beratung
- Lehrveranstaltungen, Lehrgänge, Coachings
- Entwicklung neuer Lernformen und zugehöriger Medien (E-Learning, Social Learning, mobiles Lernen, Lernplattformen, Gamification)
- Auswahl von (externen) DozentInnen
- Erstellung von Arbeitsmaterial
- Koordinierung von Bildungsmaßnahmen einzelner Einrichtungen (z.B. Zweigstellen, Mitgliedsverbände, Abteilungen)
- Budgetplanung und -kontrolle
- Bildungsmarketing

In **Unternehmen** z.B.:

- Qualifizierungsmaßnahmen bei betrieblichen Veränderungen konzipieren und organisieren
- Talentmanagement, Erstellung individueller Weiterbildungspläne
- Weiterbildungs- und Entwicklungsbedarf ermitteln

Bei Instituten der beruflichen Bildung z.B. Betreuung von Prüfungsausschüssen, Planung, Betreuung und Abwicklung von Abschlussprüfungen.

In Behörden und Ministerien z.B. Mitwirkung bei der Erarbeitung und Überarbeitung von Rechtsvorschriften, Mitwirkung bei der Schulaufsicht und Fachaufsicht über die staatlichen Schulämter, Gremienarbeit.

Bei Wohlfahrtsverbänden z.B. Schulsozialarbeit, Jugendmigrationsarbeit.

Arbeitgeber

- Stiftungen, NGOs, NPOs
- Berufsverbände
- Hochschulen
- Aus- und Weiterbildungsbereiche, Personalabteilungen von Unternehmen/Konzerne
- Kirchen, kirchennahe Einrichtungen, Wohlfahrtsverbände
- Volkshochschulen und Bildungseinrichtungen der Kirchen
- Private Schulen (z.B. Sprachschulen, IT-Akademien, Nachhilfe, Fernlehrinstitute)
- Bildungseinrichtungen von Parteien oder Organisationen
- Industrie- und Handelskammern
- Behörden und Ministerien

Beispiele

Mauth.CC (Agentur für Digitales Lernen), MERA Bildungsmanagement, IEA (International Association of Educational Achievement [NPO]), Kaufland GmbH (im Bereich Personal), BilSE-Institut für Bildung und Forschung GmbH, IBB Institut für Berufliche Bildung AG.

Alternativen
Sozialarbeit, DozentIn Erwachsenenbildung, Tätigkeit in einem Unternehmen, das Bildungsmedien erstellt, Lehrer Selbstständigkeit: als DozentIn, als BildungsberaterIn.

Kompetenzen und Kenntnisse

Inhaltliche Bezüge **aus allen Fächern** je nach Studienschwerpunkt: didaktische und pädagogische Kenntnisse, Fähigkeiten und Methoden.

Fachübergreifende Kompetenzen: tätigkeitsbezogener IT-Einsatz, Unterricht/Lehre/Präsentation, Recherche, Informationsbeschaffung, Moderation, Bewertungs- und Urteilsvermögen.

Soft Skills: Engagement, Motivation, Lernbereitschaft, Teamfähigkeit, Menschenkenntnis, Umgangsstil, Kommunikationsfähigkeit, Kritikfähigkeit, Organisationstalent, analytische Fähigkeiten, Überzeugungs- und Durchsetzungsvermögen.

Sonstiges: bei Freiberuflichkeit Fähigkeit zur Existenzsicherung.

Aus **Pädagogik** und **Fachdidaktiken**: Planung, Analyse und Auswertung von Lernprozessen, Erstellung von Lernmaterial, (Weiter-)Bildungsberatung und –planung, Lernzielkontrolle,

Aus **Kommunikationswissenschaft, Politikwissenschaft, Soziologie:** Markt- und Meinungsforschung, Kenntnisse in Werbekommunikation, Zielgruppenidentifikation und -ansprache, Statistik.

Studium & Weiterbildung
In den Ausschreibungen wird in der Regel ein abgeschlossenes Hochschulstudium vorausgesetzt, mitunter ohne fachliche Präzisierung. Ein Lehramt-Abschluss

oder ein Studium der Pädagogik/Erziehungswissenschaft kann je nach Ausrichtung und organisatorischer Anbindung gewünscht sein, bei anderen Schwerpunkten ein BWL-Studium mit Schwerpunkt Personal.

Nach einem Fachbachelor besteht in vielen Bildungsmanagement-Masterstudiengängen die Möglichkeit zum Anschluss. Einige Master- oder MBA-Studiengänge sind berufsbegleitend strukturiert. Programme zum Bildungsmanagement werden von Universitäten, Fachhochschulen, Pädagogischen Hochschulen auch in privater Trägerschaft angeboten, z.B.

- (Internationales) Bildungsmanagement, PH Ludwigsburg
- Bildungswissenschaft; Bildung im Alter, berufsbegleitend, PH Karlsruhe
- Berufliches Bildungsmanagement, Fachhochschule des Mittelstandes
- Bildungswissenschaft, Uni Heidelberg
- Educational Leadership – Bildungsmanagement & -innovation, Uni Duisburg-Essen
- Management von Bildungseinrichtungen, MBA, kostenpflichtig, Uni Halle-Wittenberg
- Weiterbildung und Personalentwicklung, berufsbegleitend, Uni Jena
- Bildungswissenschaft, Uni Wien, Uni Hannover
- Bildungswissenschaft und -management, Uni Freiburg

Einen Überblick zu Qualifizierungsmaßnahmen im Schulmanagement finden Sie auf dem Deutschen Bildungsserver unter www.bildungsserver.de/Schulmanagement-Qualifizierungsmassnahmen--962.html.

Andere Studiengänge zu diesem beruflichen Ziel sind BWL mit Schwerpunkt Personal, Sozialpädagogik, Psychologie.

Netzwerke

- Berufsverband der Erziehungswissenschaftlerinnen und Erziehungswissenschaftler e.V.
- Gewerkschaft Erziehung und Wissenschaft (GEW)
- dvb Deutscher Verband für Bildungs- und Berufsberatung e.V.
- Internationale Vereinigung für Bildungs- und Berufsberatung IVBBB
- Deutsches Institut für Erwachsenenbildung, Leibniz-Zentrum für Lebenslanges Lernen e.V.

Jobbörsen/Ausschreibungen

- WILA Arbeitsmarkt Bildung, Kultur, Soziales
- www.bildungsmanagement.net/html/stellenangebote.htm (Schweiz)
- Die Xing-Stellen-Suche mit dem Stichwort „Bildungsmanagement" erwies sich mit mehr als achtzig Treffern als fruchtbar.

Online-Ressourcen

Deutscher Bildungsserver

Institut für angewandtes Schulmanagement, Stuttgart: www.ifas-schulmanagement.de

Institut für Bildungsmanagement und Bildungsökonomie der Pädagogischen Hochschule Zug (Schweiz): www.bildungsmanagement.net

www.uni-erfurt.de/ese

Zeitschriften

didacta – Magazin für lebenslanges Lernen

DIE Zeitschrift für Erwachsenenbildung

Zeitschrift Schulmanagement

Literatur

Wolfgang Böttcher/Joachim Merchel: Einführung in das Bildungs- und Sozialmanagement, Stuttgart 2010

John Erpenbeck/Werner Sauter: Stoppt die Kompetenzkatastrophe. Wege in eine neue Bildungswelt, Heidelberg 2016

Peter Faulstich/Christine Zeuner: Bachelor/Master: Erwachsenenbildung, Weinheim 2010

Michael Gessler (Hg.): Handlungsfelder des Bildungsmanagements. Ein Handbuch, Münster 2009

Christiane Hof: Lebenslanges Lernen. Eine Einführung (Grundriss der Pädagogik 4), Stuttgart 2009

Sabine Seufert: Bildungsmanagement: Einführung für Studium und Praxis, Stuttgart 2013

Rudolf Tippelt/Aiga von Hippel (Hg.): Handbuch Erwachsenenbildung/Weiterbildung, Wiesbaden [5]2011

Jürgen Wittpoth: Einführung in die Erwachsenenbildung, Stuttgart 2013

Referenzen

http://berufenet.arbeitsagentur.de: Bildungsreferent

http://berufenet.arbeitsagentur.de: Bildungsmanager

http://berufenet.arbeitsagentur.de: Integration

Begabtenförderung

Hochbegabtenförderung und die Förderung von Schülerinnen und Schülern mit besonderem Leistungspotential ist weniger systematisiert und professionalisiert als die Förderung von SchülerInnen mit Lernproblemen und Inklusionsbedarf. Die Feststellung von „besonderem Förderbedarf" weist tendenziell eher auf ein Defizit als auf ein Talent hin. Vielleicht hat es was mit Geniekult zu tun, mit dem Vertrauen, dass Schülerinnen und Schüler, die keine Lernschwierigkeiten haben und zu den Leistungsstarken gehören, auch weiterhin ihren Weg gehen und ihren Platz im Leben finden werden.

Erst in den letzten Jahren wurde die Förderung von besonders begabten Kindern ein politisches Anliegen mit Regelungsbedarf. Wenn Bildung auf individuelle Förderung setzt, wenn Beratung und Mentoring zu Lerninstrumenten werden, dann muss es für (potentiell) Leistungsstarke angemessene, aktivierende Förderungen und Impulse geben.

Diagnostik, Lernangebote im Regelunterricht und in individualisierten Lernkonzepten, die Einrichtung und Betreuung von Lerngruppen und die Zusammenarbeit mit außerschulischen Partnern zählen zu den Instrumenten, die in den vergangenen Jahren entwickelt, professionalisiert und eingesetzt wurden. Die Förderung zielt im Wesentlichen auf zwei Veränderungen: die Anreicherung des Stoffs (Enrichment) und die Beschleunigung des Lernens (Akzeleration). Den Texten über diese Maßnahmen und Instrumente wohnt allerdings immer ein Leistungsgedanke inne. Offenbar ist Begabung nur in Verbindung mit Leistung zu denken, nicht zum Beispiel damit, dass diese Schülerinnen und Schüler mit angemessenen Lernkonzepten ihrer Identität gemäß zu leben und zu handeln lernen, schöpferisch zu sein oder Lebensfreude beim Lernen zu empfinden.

Das Bundesministerium für Bildung und Forschung stellt auch heraus, dass nicht ein positives Menschen- und Bildungsideal dahintersteckt, sondern die Ergebnisse „der internationalen Bildungsvergleichsstudien in den vergangenen 15 Jahren, die […] in den obersten Kompetenzstufen […] hinter vergleichbaren Ländern zurückblieben."[13] Mir gefiel Wolf Lotterers Beobachtung zum Lernen insgesamt, man wolle gar nicht unbedingt mehr Bildung, sondern mehr von ihren möglichen Folgen: ein besseres Leben, mehr Geld, mehr Chancen, mehr Respekt und Anerkennung dafür, was man tut.[14]

Lernen und Bildung sind menschliche Grundbedürfnisse, und Kinder und Jugendliche leiden, wenn ihr Lernen darbt, vielleicht umso mehr, wenn sie besonders begabt sind und keine Handreichung bekommen, wie sie diese Begabung entwickeln und beherrschen können. Dies setzt sich übrigens im Erwachsenenalter fort; eine Gallup-Studie hat gezeigt, dass der deutlichste Grund für eine emotionale Distanz zur Arbeit eine Behinderung ist, das zu tun, was man wirklich gut kann.[15]

Begabtenförderung und Begabungsförderung als eigene Profession sind folglich noch recht jung. Es muss auch gar kein eigener Beruf sein, sondern kann eine Tätigkeitserweiterung in bereits etablierten Berufen sein: im Lehramt, in der Pädagogik, im Bildungsmanagement, im Stiftungsbereich bzw. bei einem der 2.100 Stipendiengeber in Deutschland.

---

[13] www.bmbf.de/files/Initiative_Leistungsstarke_Beschluss. pdf, S. 2.

[14] Wolf Lotterer: Der Entwicklungshelfer, in: brand eins 9 (2017), S. 29.

[15] www.gallup.de/183104/engagement-index-deutschland.aspx.

Es gibt aber auch Schulen mit Begabungsförderung, meist mit Schwerpunkt Sport, weiter mit musischer Ausrichtung, mathematisch-naturwissenschaftlich oder sprachlich, oft als Internat organisiert. Die Bewerberzahl übersteigt derzeit die offenen Plätze. Zahlreiche Schulen haben inzwischen Hochbegabtenklassen eingerichtet, um dem Bedarf zu begegnen. Zu den Fördermaßnahmen zählen multimediale und digitale Lernformen, z.B. Programme, die leistungsangepasste Übungen anbieten, Lernroboter, individuelle Begleitung im virtuellen Klassenzimmer. Enrichment-Maßnamen können z.B. Projektarbeit und Freiarbeit sowie Doppelbelegungen von Kursen sein, aber auch außerschulische Angebote. Von den Akzelerations-Instrumenten ist das „Überspringen" wohl das geläufigste; die vorzeitige Einschulung zählt ebenso wie die Bildung von Profilklassen mit erhöhtem Lerntempo dazu. Abhängig von Ressourcen und Engagement verändern Schulen ihre Lernsituation und arbeiten für begabte Schüler mit Hochschulen (Juniorstudium) oder Unternehmen zusammen.

Förderung erfolgt zudem in spezialisierten Ferienlagern und in Wettbewerben. „Jugend forscht" ist Ihnen vermutlich geläufig, vielleicht auch der Geschichtswettbewerb des Bundespräsidenten oder der Bundeswettbewerb Fremdsprachen.

Berufsbezeichnungen
LehrerIn Begabtenförderung
ReferentIn/MitarbeiterIn Begabtenförderung

Tätigkeiten

- Diagnostik
- Aufbau, Koordinierung, Organisation, Evaluation von Fördermaßnahmen, auch individuell

- Vernetzung und Beratung von Begabungsförderprogramme, Schulen, Verwaltung
- Ausschussarbeit
- Budgetverwaltung und -kontrolle
- Inklusion, Sprachförderung, Lernberatung
- Förderung von (potentiell) leistungsstarken Schülerinnen und Schülern in sozial benachteiligten Kontexten
- Erstellung von Lern- und Fördermaterialien, Lernprogrammen
- Koordination von Wettbewerben, Weiterbildungsangeboten, Zentren, schulischen und außerschulischen Angeboten

Arbeitgeber

- Förderwerke
- Staatliche und private Schulen und Internate
- Bildungs- und Beratungsträger, Schulberatungsstellen
- Bildungsverwaltung und -politik, Schulämter
- schulpsychologischer Dienst
- Hochschulen
- Unterrichts- und Bildungsdienstleister
- Bildungsforschung, Expertiseforschung
- Organisationen, die Ferienlager und -akademien für Hochbegabte anbieten

Beispiele

Deutsche SchülerAkademie, JGW Schüler-Akademie, Deusche JuniorAkademie, Akademie Burg Fürsteneck

Kompetenzen und Kenntnisse

Inhaltliche Bezüge **aus allen Fächern** je nach Studienschwerpunkt: didaktische und pädagogische Kenntnisse,

Fähigkeiten und Methoden, Fachkompetenz in den eigenen Unterrichtsfächern über die üblichen Schulcurricula hinaus.

Fachübergreifende Kompetenzen: Unterricht/Lehre/Präsentation, Moderation, Bewertungs- und Urteilsvermögen.

Soft Skills: Selbstvertrauen, Selbstreflexion, Engagement, Motivation, Lernbereitschaft, Belastbarkeit, Eigenverantwortung, Teamfähigkeit, Führungsfähigkeit, Empathie, Kommunikationsfähigkeit, Umgangsstil, Integrationsbereitschaft, Analytische Fähigkeiten, Konfliktfähigkeit, Stressresistenz,

Sonstiges: Kenntnisse des Begabtenförderungssystems in Deutschland, in Einzelfällen auch Veranstaltungsmanagement (Wettbewerbe) und Kenntnisse in Personalauswahlverfahren.

Aus der **Pädagogik**: Planung, Analyse und Auswertung von Lernprozessen, Lerndiagnostik, Planung von Technik- und Medieneinsatz, Lernzielkontrolle.

Aus den **fremdsprachigen Philologien, Germanistik**: Sprachförderung.

Studium & Weiterbildung

An der Professional School of Education (PSE) an der Humboldt-Universität zu Berlin (HU) können Lehramtsanwärterinnen und Lehramtsanwärter Bausteine aus dem Gebiet der Begabtenförderung wählen. Im Bereich der Lehrerbildung erfolgt eine Begleitung der Schnelllernerklassen an Berliner Gymnasien. Studentinnen und Studenten können sich somit bereits frühzeitig mit Fragestellungen und Lösungsmöglichkeiten im Bereich Begabtenförderung befassen.

Für Lehrkräfte aller Schularten werden Fortbildungsveranstaltungen angeboten. Die Themen werden i.d.R.

von den Schulen vorgeschlagen und haben einen hohen Praxisbezug.

- www.bildung-und-begabung.de → Begabungslotse → Datenbank → Bildungseinrichtungen
- www.hu-berlin.de → zentrale Einrichtungen → pse
- www.pse.ruhr-uni-bochum.de
- www.uni-potsdam.de → lehrerbildungszentren

Andere Wege zu diesem beruflichen Ziel: Studium Verwaltungswirtschaft, Studium Psychologie, Pädagogik.

Netzwerke

- ABB e.V. Arbeitskreis für Begabungsforschung und Begabungsförderung
- Bildung und Begabung e.V.
- Deutsche Gesellschaft für das hochbegabte Kind e.V.
- European Council for High Ability (ECHA)
- Hochbegabtenförderung e.V.
- Mensa e.V.
- Stiftung Begabtenförderung berufliche Bildung: (mit Jobbörse, aber recht übersichtlich)
- Verein zur Förderung hochbegabter Kinder und Jugendlicher Südwestfalen e.V.
- Hochbegabtenförderung e.V. – fünf Standorte, an denen u.a. Weiterbildung angeboten wird.

Jobbörsen/Stellenportale

- www.bildungsserver.de/Allgemeine-Stellenboersen-fuer-Lehrer-829.html
- www.schulpsychologie.de → für Schulpsychologen → Stellenangebote
- www.lehrerboerse.de/startseite.html (Registrierung erforderlich)

Online-Ressourcen

Bundesministerium für Bildung und Forschung: Begabte Kinder finden und fördern (PDF)

Eurydice-Informationsstelle der Europäischen Kommission: Spezifische Bildungsmaßnahmen zur Förderung aller Arten von Begabung an Schulen in Europa. (PDF)

Netzwerk für Begabungsförderung (Schweiz)

Österreichisches Zentrum für Begabungsforschung und Begabtenförderung

Stipendienlotse des Bundesministeriums für Bildung und Forschung

www.bildung-und-begabung.de (mit Bildungsangeboten, Akademien für Begabte)

www.fachportal-hochbegabung.de

www.mystipendium.de

Zeitschrift

Journal für Begabtenförderung

Literatur

Franzis Preckel/Miriam Vock: Hochbegabung: Ein Lehrbuch zu Grundlagen, Diagnostik und Fördermöglichkeiten, Göttingen u.a. 2013

Claudia Solzbacher/Gabriele Weigand/ Petra Schreiber (Hg.): Begabungsförderung kontrovers? Konzepte im Spiegel der Inklusion, Weinheim/Basel 2015

Referenzen

http://berufenet.arbeitsagentur.de : Begabtenförderung

www.bmbf.de/files/Initiative_Leistungsstarke_Beschluss.pdf

www.sueddeutsche.de/karriere/begabtenfoerderung-klub-der-klugen-koepfe-1.2897110

Stiftungen

Bei einer Stiftung arbeiten – ein Traum, nicht nur vieler Doktoranden. Ein Traum auch deshalb, weil jenseits informeller Wege wenig darüber bekannt ist, wie genau man bei einer Stiftung landet. Es gibt kaum Ausschreibungen. Es gibt kaum Fluktuation – „Dafür ist der Job einfach zu attraktiv.“[16] Er erfüllt viele Kriterien der sozialen Akzeptanz der Berufswahl: angestellt, angemessen in Status und Tätigkeit, wissenschaftsaffin oder, wenn bei einer anderen gemeinnützigen, mildtätigen oder kirchlichen Stiftung, mit sozialem, kulturellen oder politischem Sinn, „nützlich“.

Stiftungen sind Einrichtungen, die aus der Vermögensmasse eines Stifters – das kann eine Privatperson, eine Familie, ein Unternehmen oder der Staat sein – gebildet werden, einen bestimmten Zweck (gemeinnützig, privat) erfüllen und organisatorisch geregelt sein müssen. Das kann z.B. als Verein erfolgen, als GmbH, als rechtsfähige Stiftung bürgerlichen Rechts oder als Treuhandstiftung. Ausgegeben werden dabei nur die Erträge, nicht das Stiftungsvermögen. Da nur sehr wenige Stiftungen ein so hohes Vermögen haben, dass von den Erträgen Mitarbeiter angestellt werden können, blüht zwar das Stiftungswesen, aber sein Arbeitsmarkt ist übersichtlich.

Die Stiftungslandschaft ist vielfältig. Ca. 40.000 Stiftungen bestehen insgesamt, davon die Hälfte als rechtsfähige (eigene juristische Person) und die andere Hälfte als nicht-rechtsfähige (z.B. treuhänderische) Stiftungen bürgerlichen Rechts; hinzukommen ca. 300 Unternehmens-

[16] Roland Bender in: Benjamin O’Daniel: Stiftungen. Mehrere Einstiegswege, in: arbeitsmarkt Umweltschutz/Naturwissenschaften 31/2012, hg. vom Wissenschaftsladen Bonn, S. 4.

stiftungen und 30.000 kirchliche Stiftungen (Zahlen 2016).[17] Nur eine kleine Gruppe davon beschäftigt Mitarbeiter, und davon wiederum nur eine kleine Gruppe im Bereich Wissenschaft und/oder Kultur (s.u.).

Große Stiftungen stellen AkademikerInnen als Fachkräfte mit einem Aufgabengebiet ein, das nahe an ihren bisherigen Schwerpunkten liegt, weil ihre Expertise geschätzt wird. Kleinere Stiftungen mit weniger Mitarbeitern sind hingegen eher auf Generalisten angewiesen, die sich schnell in Zusammenhänge eindenken können und sich in Transfers von Konzeption, Umsetzung und Evaluation leichttun.

Bender beschreibt vier typische Wege auf eine der traumhaften Stiftungsstellen.[18] Bei der klassischen Bewerbung auf ausgeschriebene Stellen (Jobportale siehe unten) wird meistens Erfahrung oder inhaltliche Nähe zum jeweiligen Stiftungs- oder Projektthema gefordert, die man – logisch – wegen der geringen Fluktuation in Stiftungen meist nicht ebendort gesammelt haben kann. Ist also das Projektthema irgendwas mit Bildung, wäre inhaltliche Nähe eine Tätigkeit oder Erfahrung in der Schule, Erwachsenenbildung, Bildungsmanagement. Der Quereinstieg also ist keine Seltenheit, und er führt zum zweiten typischen Weg: als Eigengewächs der Stiftung, sei es über eine Elternzeitvertretung oder ein Stipendium. Für junge Akademiker halten wissenschaftliche Stiftungen – teils auch in Kooperation – spezielle Einstiegsangebote über Praktika oder Traineestellen bereit. Für alle Wege in die Stiftung braucht es also fachliches Engagement und Expertise, einen kontinuierlichen Netzwerk-

[17] www.stiftungen.org/stiftungen/zahlen-und-daten/statistiken.html.

[18] http://wila-arbeitsmarkt.de/files/biku_2012_31_stiftungen.pdf, S. 4.

aufbau, auch, um Informationen über Vakanzen, geplante Projekte und Strukturveränderungen zu erhalten und Eigeninitiative bis zur die Ausgestaltung und Profilierung der eigenen Stelle zeigen zu können. Wichtig sind zudem eine Identifikation mit den ideellen Zielen der Stiftung, auch nach außen, und praktische Erfahrung in affinen Tätigkeiten oder in der Begleitung und Umsetzung von Projekten, die nahe an den Inhalten und Zielen der Stiftung sind.

Die Wege noch einmal zusammengefasst:

1. Bewerbung auf aktuelle Ausschreibungen.
2. Praktika, Hospitanzen und andere „Kennenlerntätigkeiten" (Studentische Mitarbeit, Begegnungspunkte auf anderen Ebenen)
3. Anstellung Ehemaliger
4. Trainee-Programme (z.B. stiftungsübergreifendes Programm der Robert-Bosch-Stiftung, Stiftung Mercator, Körber-Stiftung und Joachim Herz Stiftung) und Volontariatsprogramme (mit internen, externen und Weiterbildungsphasen)
5. Quereinsteiger über die Weiterbildungsangebote

Die Tätigkeiten sind je nach Beruf, der in der Stiftung ausgeübt wird, und auch je nach Art der Stiftung unterschiedlich.

WissenschaftlerInnen bei Stiftungen forschen, publizieren, nehmen an Tagungen und Konferenzen teil, erarbeiten Wissenschafts-PR, rezensieren und begutachten andere Wissenschaftler. Im Unterschied zu WissenschaftlerInnen, die an Hochschulen tätig sind, haben Wissenschaftler bei Stiftungen weniger „Studierendenkontakt", also weniger oder gar keine Lehre und Prüfungen, und auch weniger Verwaltungsaufgaben.

Stellen als WissenschaftlerInnen an Stiftungen sind rar. Die Zahl der wissenschaftlichen Stiftungen mit eigener geisteswissenschaftlicher Forschungstätigkeit ist gering. Es gibt diese Stellen, aber in dem halben Jahr zur Recherche für diesen Text ist mir keine Ausschreibung begegnet.

Wenn das berufliche Ziel „Stiftung“ lautet, sind darum auch Positionen als Koordinatoren, Referentinnen, Stiftungs-/WissenschaftsmanagerInnen, Programm- oder Projektmitarbeiter beliebt. Innerhalb einer Stiftung mag es klare Zuständigkeitsgrenzen zwischen diesen Begriffen geben; in den Stellenausschreibungen verschiedener Stiftungen ist schnell zu sehen, dass Aufgaben und Tätigkeiten Überschneidungen aufweisen. Insgesamt ist das Spektrum breit, und eine aktive Mitgestaltung bzw. Anpassung an die individuellen Leistungsschwerpunkte ist oft möglich. Die Bezeichnung „Referent“ wird in Stellenausschreibungen häufig anders verwendet als auf Websites, die die „Referenten“ der Stiftung vorstellen. Letztere zeigen erfahrene WissenschaftlerInnen und WissenschaftsmanagerInnen, die für Vorträge gebucht werden können.

Die Tätigkeiten umfassen grob klassifiziert konzeptionelle und strategische Aufgaben, Projektmanagement, Veranstaltungsmanagement, Kommunikation der Projekte nach Innen und Außen und die Positionierung der Projekte in Politik und Wissenschaft, bei Stakeholdern und in der Öffentlichkeit.

Häufig wird in Ausschreibungen nicht spezifiziert, wie genau Ihre Fachkombination sein muss. Es kann lauten „sozial- oder geisteswissenschaftlicher Hochschulabschluss“. Für die Verantwortung in einem bestimmten Förderbereich ist hingegen darzustellen, welche Sachkompetenz und Fachkenntnisse vorliegen, z.B. mit eigenen Forschungen, Weiterbildungen und Publikationen.

Da Stiftungen von hohen ideellen Werten getragen sind, haben sie ein Interesse daran, Mitarbeiter zu beschäftigen, die diese Werte teilen. Darum sollten Sie sich fragen, für welches Thema Sie brennen und Ihre Arbeitskraft einsetzen wollen, ehe Sie Bewerbungen an Umwelt-, Lokal-, Kultur- und Wissenschaftsstiftungen gleichermaßen rausschicken, nur weil alle drei zufällig gerade Projektmanager suchen.

Laut der Studie von Berit Sandberg werden bis zu 75% der offenen Stellen in Stiftungen nicht ausgeschrieben, sondern über persönliche Kontakte vergeben.[19] Das bedeutet, dass eine gute Netzwerkarbeit bereits im Studium einsetzen muss – und in Form von eigener Förderung, Studierendenjobs, Praktika, Mitarbeit in größeren Förderzusammenhängen, Teilnahme an Workshops und Veranstaltungen, oder Ehrenamt in der Freizeit auch kann.

Viele Stiftungen bieten Praktika und studentische Mitarbeit an. Erfahrungen sammeln können Sie in kleineren Stiftungen oft auch ehrenamtlich.

Die Bezahlung orientiert sich in der Regel am TVöD.

Berufsbezeichnungen

Stiftungs-/WissenschaftsmanagerIn
Programm-/ProjektmitarbeiterIn
KoordinatorIn
ReferentIn

Tätigkeiten

Im Projektmanagement:

- Fachkonzeptionen, Umsetzungsstrategien und ggf. Drittmittelanträge erarbeiten

[19] Berit Sandberg (Hg.): Arbeitsplatz Stiftung. Karrierewege im Stiftungsmanagement, Essen 2014.

- Bewertung und Betreuung ausgewählter Förderanträge und begleitender Verwaltungsaufgaben
- Beratung von Antragstellern
- Konzeption und Durchführung von Eigenprojekten
- Koordination von und Kooperation mit Dienstleistern und Projektpartnern
- Budgetplanung und -kontrolle sowie Abrechnung von Projekten
- Bearbeitung von inhaltlichen und finanziellen Projektabschlüssen
- Evaluation

Im Veranstaltungsmanagement:
- Koordination, Vorbereitung und Betreuung von internen (z.B. Gremiensitzungen) und externen (z.B. Konferenzen) Veranstaltungen
- Planung und (Qualitäts-)Management von Workshops und Bildungsangeboten

In der Kommunikation:
- Ansprechpartner und Repräsentant für Projekte, innerhalb und außerhalb der Stiftung
- Erarbeitung von Inhalten für die Internet-/Intranetseiten zu den Förderthemen
- Koordination der Erstellung von Publikationen
- Positionierung unserer Themen bei Stakeholdern und in der breiten Öffentlichkeit
- Vorträge, Präsentationen, Berichte und Fachpublikationen verfassen/halten.
- Erarbeitung von politischen Positionen und Stellungnahmen

Arbeitgeber

Die bekanntesten (und größten), die für unsere Bereiche und Themen fördernd (d.h., sie unterstützen Projekte mit

Geld) und/oder operativ (d.h., sie führen auch eigene Projekte durch) tätig sind, sind

- Robert-Bosch-Stiftung, Stuttgart, für uns affine Themen Bildung, Wissenschaft, Völkerverständigung, Gesellschaft.
- Volkswagen-Stiftung, Hannover, für uns affine Themen Geisteswissenschaftliche Forschung und Nachwuchsförderung.
- Zeit-Stiftung Ebelin und Gerd Bucerius, Hamburg, für uns affine Themen Wissenschaft und Forschung, Kunst und Kultur, Bildung und Erziehung, Politik und Gesellschaft, Digitaler Wandel.
- Bertelsmann-Stiftung, Gütersloh, für uns affine Themen Bildung, Demokratie, Gesellschaft, Kultur.
- Körber-Stiftung, Hamburg, affine Bereiche Bildung, Gesellschaft, Internationale Politik, Kultur, Wissenschaft.
- Fritz Thyssen-Stiftung, Köln, affine Themen Förderung des wissenschaftlichen Nachwuchses, Geisteswissenschaften international, Förderbereiche Geschichte, Sprache und Kultur sowie Staat, Wirtschaft und Gesellschaft.
- Deutsche Stiftung Denkmalschutz, Bonn, affiner Förderbereich Denkmalschutz.
- Stiftung Mercator, Essen, affine Förderthemen Toleranz und Wissensaustausch/Europa, Integration, kulturelle Bildung.
- Studienstiftung des deutschen Volkes, Berlin und Bonn, Förderthema Hochschulbildung junger Menschen mit wissenschaftlicher oder künstlerischer Begabung oder außergewöhnlicher Persönlichkeit.
- Gerda-Henkel-Stiftung, Düsseldorf, Förderschwerpunkte Geisteswissenschaft, Denkmalschutz.

- Max-Weber-Stiftung, Bonn, Förderschwerpunkt Geisteswissenschaftliche Institute im Ausland, Dialog der Fachkulturen.

An parteinahen Stiftungen:

- Friedrich-Ebert-Stiftung
- Konrad-Adenauer-Stiftung
- Hanns-Seidel-Stiftung
- Friedrich-Naumann-Stiftung
- Heinrich-Böll-Stiftung
- Rosa-Luxemburg-Stiftung

An öffentlich-rechtlichen Stiftungen z.B. Stiftung Preußischer Kulturbesitz.
Kirchliche Trägerstiftungen z.B. von Bodelschwinghsche Anstalten Bethel in Bielefeld.

Alternativen:
Andere affine Jobs bei Stiftungen:

InformationsmanagerIn, → CampaignerIn/ Kampagnen-ManagerIn, PR-MitarbeiterIn, Fundraiser (s. Bd. 1), MitarbeiterIn (interne) Weiterbildung, pädagogische Mitarbeiter.

Andere Arbeitgeber für diese Tätigkeiten:

(Berufs)Verbände, Hochschulverwaltung und Hochschuleinrichtungen außerhalb der Fakultäten, Unternehmen mit Forschungsabteilung, Wissenschafts-, Bildungs- und Kultusministerien (EU, Bund, Länder), politische Parteien, Gewerkschaften, öffentliche Verwaltung.

Existenzgründungen sind mit diesem Zuschnitt unüblich. Aber Stiftungen arbeiten mit freiberuflichen/selbstständigen Beratern, Coaches und Dozenten zusammen. Sie könnten ein Beratungsunternehmen mit Schwerpunkt Non-Profit-Organisationen gründen und

Expertise zu Hochschulmanagement, Fundraising, Campaigning, Wissenschafts-PR anbieten.

Kompetenzen und Kenntnisse

Inhaltliche Bezüge **aus allen Fächern** je nach Studienschwerpunkt: inhaltliche und methodische Profilbildung/Expertise.

Fachübergreifende Kompetenzen: Planungs- und Durchführungsfähigkeit, Bewertungsfähigkeit, professionelle Schreib- und Präsentationstechniken, Informationsbeschaffung und Dokumentation, Vortragstätigkeit, ggf. Forschung und Fachpublikation, Fremdsprachenkenntnisse.

Soft Skills: Eigenverantwortung, Lernbereitschaft, Engagement, Selbstorganisation, Teamfähigkeit, Kommunikationsfähigkeit, Kritikfähigkeit, Umgangsformen, Strukturierte Arbeitsweise, analytische Fähigkeiten, Organisationstalent, Netzwerkarbeit.

Sonstiges: Projektverwaltung, Budgetverwaltung, ggf. Vertragsgestaltung, Übereinstimmung mit den Stiftungszielen.

Studium und Weiterbildung

Hier finden sie eine Zusammenstellung von Weiterbildungsangeboten zum Stiftungsmanagement: http://sozialmarketing.de/aus-und-fortbildung-fundraising-in-stiftungen/

Die Deutsche Stiftungsakademie bietet Zertifizierungslehrgänge, Seminare, Webinare, Foren und Workshops zur Weiterbildung im Stiftungsmanagement: www.stiftungsakademie.de/stiftungsakademie/veranstaltungen.html. Deren Bildungsangebote für selbstständige Stiftungsberater fokussieren hingegen überwiegend Rechtsanwälte, Notare und Wirtschaftsprüfer.

Auch die Fundraising-Akademie bietet eine Fortbildung Stiftungsmanager/-in (FA): www.fundraisingakademie.de/akademie/fortbildungen/stiftungsmanagerin/

Wenn neben oder anstelle der wissenschaftlichen Stiftungen auch andere NPOs in Frage kommen, können Sie Studiengänge im Bereich Non-Profit-Management belegen; Anbieter sind häufig die FHs, eine Liste zu Studiengängen (einschließlich Wirtschaft und Recht, also für uns nicht konsekutiv!) finden Sie hier: www.nachhaltigejobs.de/studium/ngo

Netzwerke

- Bundesverband deutscher Stiftungen
- Stifterverband (650 Mitgliedsstiftungen)

Jobbörsen/Stellenausschreibungen online:

- Bundesverband deutscher Stiftungen: www.stiftungen.org/jobs.html
- www.nachhaltigejobs.de/student/jobs
- www.nachhaltigejobs.de/stiftung-jobs
- www.stiftung-mercator.de/de/unsere-stiftung/jobs/

Zeitschriften

Die Stiftung (www.die-stiftung.de)

StiftungsReport (kostenlos über den Shop von stiftungen.org)

Stiftung & Sponsoring (www.stiftung-sponsoring.de)

Stiftungswelt (Mitgliedermagazin des Bundesverbandes deutscher Stiftungen; für Nichtmitglieder im Shop zu bestellen über stiftungen.org)

Literatur/Referenzen

Helmut K. Anheier/Sarah Förster/Janina Mangold/Clemens Striebing (Hg.): Stiftungen in Deutschland, Bd. 1: Eine

Verortung, Bd. 2: Wirkungsfelder, Bd. 3: Porträts und Themen, Heidelberg 2017.

Carolin Regler: Arbeiten in Stiftungen, in: wila-arbeitsmarkt.de/files/biku_2012_31_stiftungen.pdf.

Berit Sandberg (Hg.): Arbeitsplatz Stiftung. Karrierewege im Stiftungsmanagement, Essen 2014.

s.v. „Stiftungen“, in: Duden Recht A-Z. Fachlexikon für Studium, Ausbildung und Beruf, Berlin ³2015

Campaigner

Stiftungsarbeit muss keine wissenschaftliche Arbeit sein. Aus der Vielzahl von Stiftungen und ihren Zwecken geht schon hervor, dass sehr unterschiedliche Bedarfe bestehen. Insbesondere Stiftungen und Vereine, die auf eine breite gesellschaftliche Wirkung zielen, brauchen MitarbeiterInnen, die an dieser Wirkung arbeiten. Campaigner entwickeln Kampagnen zu bestimmten Themen oder Anlässen und die Strategien zur Umsetzung gleich mit. Ein guter Teil ihrer Tätigkeit umfasst PR, also die Information der breiten oder einer ausgewählten Öffentlichkeit, ggf. auch die Entwicklung unterschiedlicher PR-Maßnahmen für unterschiedliche Zielgruppen und Medien. Auch Lobbyarbeit und Kommunikation mit Parteien und politischen Gremien gehört zu ihrem Aufgabenfeld.

Ziele der Maßnahmen können sein, Unterstützer zu gewinnen, die Öffentlichkeit zu informieren, aufzudecken, Menschen zum Handeln zu bewegen, das eigene Handeln zu legitimieren, Ziele der Organisation zu verwirklichen.

Nicht alle Stiftungen sind groß genug, eigene Campaigner anzustellen. Darum gehört das Campaigning in einigen Stiftungen zu den Tätigkeiten, die eine Person unter anderen Tätigkeiten ausführt, z.B. den PR. Andere Stiftungen, NGOs und NPOs engagieren Freiberufler oder Unternehmen, die sich auf das Campaigning spezialisiert haben – wenn Sie sich dafür interessieren, kann also auch der Blick auf freiberufliche Praktiken oder die Ausschreibungen für Praktika und Stellen bei Campaigning- oder politischen Beratungsunternehmen ratsam sein.

Es gibt die Möglichkeit des typischen, zielführenden Studiums und die Möglichkeit zur Affinität über bestimmte Studieninhalte benachbarter Fächer. Einschlägige Studienfächer aus dem kultur- und geisteswissenschaftlichen Spektrum sind Politikwissenschaft, Kommunikationswissenschaft, Friedens- und Konfliktforschung, Entwicklungsforschung/-politik. Aufgrund der kaufmännischen Inhalte und Tätigkeiten sind aber natürlich auch Absolventen z.B. der BWL vertreten.

Wer als Campaigner einsteigen möchte, sollte erste Erfahrungen vorweisen: Praktika oder Aushilfsjobs bei NGOs, Travel & Work, Freiwilligenarbeit (Ehrenamt, Bundesfreiwilligendienst, selbstorganisierte Gruppen), interaktive Trainings- und Bildungsarbeit bei Bildungsanbietern, Netzaktivismus, Kampagnenarbeit, bei Pressestellen, im Journalismus, in der politischen Arbeit, in der Verbandsarbeit, in der Event- und Veranstaltungsplanung. Auch ein Start als DoktorandIn scheint möglich; in diesem Fall könnte die Promotion über ein Thema der NGO/Stiftung verfasst oder über das Campaigning, mit Präsenzzeiten bei den kooperierenden/zu erforschenden Stiftungen und NGOs und der Betreuung an einer Hochschule.

Vereinzelt schreiben Behörden und Vereine Volontariate als Einstiegsstellen aus. International ist der Einstieg als „Junior Campaign Manager/Strategist“ verbreitet.

Traineeprogramme für das Campaigning habe ich nicht gefunden; wohl aber für das NGO-Management, z.B. bei der GIZ, bei Bündnis 90/Die Grünen und bei der IG Metall.

Berufsbezeichnungen

Campaigner
MitarbeiterIn PR und Öffentlichkeitsarbeit
Projektkoordinator
MitarbeiterIn/ReferentIn Onlinekommunikation

MitarbeiterIn/ReferentIn Gremienarbeit
(Policy and) Campaign Manager/Planner/Coordinator/Strategist (internationale Organisationen)

Tätigkeiten

- Strategieentwicklung zu Themen und Anlässen
- Planung und Durchführung von Aktionen und Veranstaltungen (Ausstellungen, Demonstration, Infostände, Flashmobs, Podiumsdiskussionen, Fachveranstaltungen etc.)
- Pressearbeit (Pressemeldungen verfassen, Pressekonferenzen, Presseverteiler pflegen, Pressespiegel erstellen, Interviews geben und führen), Medienkampagnen, Vorträge
- Onlinekampagnen, Social Media
- Professionelle Webauftritte, Blogs, Foren, Kommentare und Beiträge auf Seiten anderer Betreiber
- Lobbyarbeit – Kommunikation mit Ministerien, Gremien, Abgeordneten, Parteien, Behörden zum Anliegen der Organisation
- Netzwerkarbeit – Kommunikation mit (potentiellen) Partnern, WissenschaftlerInnen, JournalistInnen, Fundraisern, Spendern
- Kommunikations- und Werbemittel erstellen
- Initiierung, Recherche, Verfassen von Broschüren, Filmen, Fotos, Büchern, Artikeln für Zeitschriften etc.
- Information und Schulung von Mitarbeitern, anderen Aktivisten, Mitgliedern, MultiplikatorInnen
- Ansprechpartner für die Bevölkerung, Presse, Öffentlichkeit sein, Fragen beantworten, Interviews geben.

Alternativen

Existenzgründung: KampagnenberaterIn für Non-Profit-Organisationen als Solopreneur oder Beratungsunternehmen

PR und Öffentlichkeitsarbeit bei anderen Unternehmen.

Andere Tätigkeiten bei Stiftungen: → Stiftungen, Fundraising (Bd. 1).

Arbeitgeber

- gemeinnützige Stiftungen, Verbände, Vereine
- politische Parteien
- Gewerkschaften, Wirtschafts- und Berufsverbände
- Beratungsunternehmen
- Werbeagenturen

Beispiele

Perron Campaigns, MPR-Unternehmensberatung

Kompetenzen und Kenntnisse

Inhaltliche Bezüge **aus allen Fächern** je nach Studienschwerpunkt: hohe Sprachkompetenz, Verständnis von Lernprozessen und Gruppendynamiken.

Fachübergreifende Kompetenzen: Konzeption, Präsentation, Argumentation, anwendungsbezogene IT-Kenntnisse (Office-Programme, WordPress, Social Media, manchmal auch Photoshop, campaigner, Mailchimp u.a.), Englischkenntnisse.

Soft Skills: Informations- und Kommunikationsmanagement, Teamfähigkeit, Organisationstalent, Belastbarkeit, Netzwerken, Engagment, Motivation, Umgang mit neuen Medien.

Sonstiges: hohe Identifikation mit den Zielen und Werten des Arbeitgebers, Kenntnisse im Themengebiet der Stiftung/des Vereins, Reisebereitschaft.

Aus der **Politikwissenschaft** oder ehrenamtlichen politischen Tätigkeit: Wissen/Erfahrung um demokratische Willensbildung, Gremienarbeit, Beschlussfindung.

Aus der **Politikwissenschaft** und **Sozialwissenschaft**: qualitative und quantitative Sozialforschung, Meinungsforschung.

Aus der **Kommunikationswissenschaft, Medienwissenschaft:** Planung, Analyse und Auswertung von Kommunikationsprozessen und Medien, Marktforschung, Wirkungsanalyse.

Aus der **Philosophie**: Text-, Argumentations- und Ideenkritik, Methoden zur Konstruktion von Ideen (Schreiben, Traktat), Ausarbeitung und Verteidigung von Standpunkten, Beantwortung von philosophischen Fragen, Analyse von Behauptungen (systematisch).

Studium & Weiterbildung

Studiengänge NGO:
www.nachhaltigejobs.de/studium/ngo

Affine Studiengänge, Nebenfächer, Masterprogramme: Public Relations, Kommunikationsmanagement, Politik, Politikwissenschaft, Entwicklungsforschung, Entwicklungspolitik, Friedens- und Konfliktforschung, humanitäre Hilfe, Kommunikationspsychologie.

Weiterbildungen/Aufbaustudien: PR, Unternehmenskommunikation, Corporate Identity, Social Media, Journalismus, Publizistik, Internetnutzung, Medienrecht.

andere Studienfächer (teils FH): BWL, Marketing, Media Management, Community Management, Public Relations, Werbung, Marketingkommunikation, Humanitäre Hilfe, Journalismus.

Netzwerke

http://recampaign.de (Branchentreffen)

Jobbörsen/Stellenausschreibungen

http://npo-jobs.ch/
www.kampagne20.de/jobs-im-kampagnenbereich/
www.kampajobs.de
www.nachhaltigejobs.de/campaigner-jobs
www.ngojobs.at/jobs/
www.politik-kommunikation.de/jobs

Online-Ressourcen

Deutsches Verbände-Forum
Deutscher Fundraising Verband

Zeitschriften

Stifung&Sponsoring – Das Magazin für Nonprofit-Management und -Marketing
www.politik-kommunikation.de

Literatur

Christoph Badelt/Michael Meyer/Ruth Simsa (Hg.): Handbuch der nonprofit Organisation. Strukturen und Management, Stuttgart [4]2007.

Hartmut Brügner: Management von Multiscreen-Kampagnen: Grundlagen, Organisation, Roadmap, Checklisten 2015.

Romy Fröhlich/Peter Szyszka/Günter Bentele (Hg.): Handbuch der Public Relations. Wissenschaftliche Grundlagen und berufliches Handeln. Mit Lexikon, Heidelberg [3]2015.

greenpeace-Magazin (Hg.): Das NGO-Handbuch, Hamburg 2007.

Martin Ludwig Hofmann: Mindbombs. Was Werbung und PR von Greenpeace & Co. lernen können, Paderborn 2008.

Manuel Merz/Stefan Rhein: Wahlkampf im Internet: Handbuch für die politische Online-Kampagne (Public Affairs und Politikmanagement, Band 9), Münster [3]2012.

Dominik Pietzcker: Kampagnen führen: Potenziale professioneller Kommunikation im digitalen Zeitalter, Wiesbaden 2016.
Lars Rademacher/Nadine Remus (Hg.): Handbuch NGO-Kommunikation, Heidelberg 2016.
Chris Rose: How to Win Campaigns: Communications for Change, Hoboken 2010.
Kathrin Voss: Öffentlichkeitsarbeit von Nichtregierungsorganisationen. Mittel – Ziele – interne Strukturen, Heidelberg 2007.

Referenz

http://berufenet.arbeitsagentur.de : Campaigner

Speaker

„Speaker“ sind keine „Sprecher“ (s.u.), nur auf Englisch. Sprecher (und Rezitatoren) sprechen Texte als eigene Kunstform. Speaker halten Reden. Sie sind aber auch nicht unbedingt das, was wir traditionell unter „Rednern“ verstehen, also Menschen, die Festvorträge, Wahlkampf- oder Trauerreden halten oder irgendetwas eröffnen. Sie übernehmen Vorträge, Reden, Keynotes bei Marketing-, PR- und Coachingveranstaltungen und -kongressen. Ihr Kontext ist eher privatwirtschaftlich als öffentlich, kirchlich, wissenschaftlich, privat. Die Grenzen sind freilich nicht ganz trennscharf.

Vielleicht denken Sie nun, dass wir im Studium genug Reden gehört haben (Vorlesungen) und genug Referate hielten, um damit einfach weiter zu machen, eben mit veränderten Inhalten. Ein wesentlicher Unterschied liegt darin, dass in den Vorträgen von Speakern nicht so sehr die Wissensvermittlung und Lehre im Vordergrund stehen, sondern die Unterhaltung, nicht die Inhaltsorientierung, sondern die Publikumsorientierung. Dazu gehören interaktive Elemente, Storytelling, die Ausarbeitung eines unverwechselbaren Stils und Themenspektrums sowie eine Positionierung. Das meint wirklich Arbeit im Sinne von Professionalisierung. Talent allein genügt nicht.

Die German Speakers Association bietet eine Zertifizierung an. Zu ihr führt eine Kombination aus beruflicher Weiterbildung und Bühnenperformance sowie nachgewiesener mehrjähriger Bühnenerfahrung, wirtschaftlichem Erfolg und unternehmerischen Fähigkeiten.[20]

Wir machen uns vergleichsweise wenig Gedanken über unterschiedliche Präsentationsarten im Studium.

[20] http://germanspeakers.org/csp.html .

Beim Schreiben beginnt inzwischen die Systematisierung, beim Lesen haben die meisten schon von Methoden gehört, aber unterschiedliche Präsentationsformen sind eher selten im Studium bewusst vertreten und eingesetzt. Insbesondere bei der Keynote, einem Grundsatzvortrag oder einer ausgeführten Kernbotschaft, steht die Kunst der Präsentation mindestens gleichwertig zu Inhalt und Rhetorik – der Vortrag soll herausragend präsentiert sein. Die Keynote nimmt die wichtigesten Themen einer Tagung, Messe oder Konferenz auf oder stellt Markantes eines Unternehmens, Verbandes oder neuen Produkts vor. Sie kann als Eröffnungsrede eingesetzt werden, die auf die kommende Veranstaltung einstimmt, die Richtung weist und aufzeigt, welche Zusammenhänge zwischen den folgenden Präsentationen bestehen. Oder sie bietet am Ende einer Versammlung Synthese, Inspiration und Motivation.

(Keynote) Speaker ist keine geschützte Berufsbezeichnung und unterliegt keinen Qualifikationsausbildungen. Viele Speaker sind zugleich als Unternehmensberater, Trainer und Coaches tätig – das sind die, die unseren Fächern am nächsten stehen –, oder sie stammen aus den eher wirtschaftswissenschaftlichen Disziplinen Verkauf, Marketing und Personal. Stets ist Praxiserfahrung eine Voraussetzung. Auch darum werden Politiker, Sportler und andere Prominente mitunter als Speaker gebucht. Das weist darauf hin, dass ein starkes eigenes Netzwerken und eine deutliche Präsenz als Speaker notwendig sind, um Aufträge zu akquirieren. Darum empfiehlt es sich, bald in die Praxis zu gehen und in angemessener Umgebung erste Erfahrung zu sammeln, Präsenz zu zeigen und auch ein Portfolio an Präsentationstechniken und Themen aufzubauen. Viele Redner bieten online

Arbeitsproben und Präsentationen an, laden Videos, Tools und Texte hoch. Dies ist eine Form des Marketings und der Bewerbung. Für Sie sind diese Produkte hervorragende Lern- und Studienmöglichkeiten.

Erfolgreiche Speaker weisen nicht nur eine hohe Sach- und Fachkompetenz und schnelles Aneignen von releventem Branchenwissen auf. Manche waren Pioniere auf ihrem Gebiet und werden wegen ihrer Aura, Historizität und Erfahrung gebucht. Andere werden angefragt, weil sie unterhaltsame und überraschende Präsentationen halten.

Berufsbezeichnungen/Ausschreibungen

(Keynote) Speaker
Referent
Redner

Tätigkeiten

- Präsentationen vorbereiten, ausarbeiten, performen, inszenieren, ggf. in Zusammenarbeit mit der Marketing- oder PR-Abteilung
- Präsentationen für social web und Plattformen produzieren
- Autorschaft von Büchern und Artikeln
- Bloggen
- Kurse, Workshops, Coaching, Beratung geben
- Schauspielerische, musikalische, dramaturgische Elemente einbinden.

Alternativen

Moderator, Trauerredner

Arbeitgeber

Unternehmen, Redneragenturen (als Vermittler), Event-Agenturen, Touristenanimation, lokale Medien- und

Kommunikationsunternehmen, Kulturunternehmen und -verwaltung, Banken, Verbände und Vereine

Kompetenzen und Kenntnisse
Inhaltliche Bezüge **aus allen Fächern** je nach Studienschwerpunkt: hohe Sprachkompetenz, Kenntnisse von Zitaten und Anekdoten, Vergleiche

Fachübergreifende Kompetenzen: Konstruktion von Zusammenhängen, Kausalitäten, Analogien, Recherche, Informationsbeschaffung, Vortragen, Argumentation.

Soft Skills: Eloquenz, Umgangsformen, Selbstvertrauen, Eigenverantwortung, Belastbarkeit, Kommunikationsfähigkeit, Empathie, Menschenkenntnis, Präsentationsfähigkeit, Umgang mit neuen Medien,

Sonstiges:. Habitus und Körpersprache, Neben die Kompetenzen treten Biografie und Erfahrung. Speaker sind Persönlichkeiten auf der Bühne, die etwas Besonderes bieten, und das nicht nur sprachlich, sondern „mit Haut und Haar". Kenntnisse und Fertigkeiten zur freiberuflichen Existenzsicherung.

Aus der Germanistik, den Literaturwissenschaften: Reden schreiben können, Beherrschen der geschriebenen Standardsprache, Textsortenkompetenz.

Aus der **Germanistik, Literaturwissenschaft, Theaterwissenschaft**: variables Sprechen, Lesen, Einsatz von Mimik und Körpersprache.

Aus **Germanistik, Philosophie**: Rhetorik, Kennen eines literarischen und philosophischen Kanons.

Aus **Geschichte und Kunstgeschichte**: Kennen von historischen Zusammenhängen, Werken und Anekdoten, „Lernen aus der Geschichte", Kontextualisieren der Rede.

Aus der **Kommunikationswissenschaft**: Planung, Analyse und Auswertung von Reden, Marktforschung, ggf. Kenntnisse in Tontechnik.

Aus **Kunstgeschichte** und **Medienwissenschaft**: Einbinden unterschiedlicher Medien, Intermedialität, Visualisierung und Erweiterung um Kunst und Intermedialität.

Aus der **Pädagogik**: Vermittlung von Inhalten, Zieldefinition des Vortrags.

Aus der **Philosophie**: logische Analyse, Rekonstruktion und Interpretation von Thesen und Ideen (historisch), Ausarbeitung und Verteidigung von Standpunkten, Beantwortung von philosophischen Fragen, Analyse von Behauptungen (systematisch).

Aus der **Theologie**: Homiletik.

Aus der **Soziologie**: Markt- und Zielgruppenbestimmung, soziale Verortung von Reden, Produkten und Redekontexten, Marktanalyse.

Studium und Weiterbildung

Die Fortbildungen für Redner/Speaker werden überwiegend an privaten Instituten angeboten.

Im Weiterbildungsangebot Ihrer Hochschule könnte es Kurse für Stimmschulung, Rhetorik oder Wirtschaftspsychologie geben.

http://moderatorenschule-bw.de
www.deutsche-rednerschule.de
www.freieredner-ausbildung.com (IHK Köln)

Netzwerke

www.redner.cc
www.referenten.org
http://germanspeakers.org/experten.html

Online-Ressource

www.rednertv.de

Zeitschrift:

www.rhetorikmagazin.de

Literatur

Aristoteles: Rhetorik

Tim-Christian Bartsch/Michael Hoppmann/Bernd F. Rex/Markus Vergeest: Trainingsbuch Rhetorik, Paderborn [3]2012

Wolfram Groddeck: Reden über Rhetorik. Zu einer Stilistik des Lesens. Stroemfeld/Nexus, Frankfurt am Main 1995

Hermann Scherer: Der Weg zum Topspeaker: Positionierungs- und Marketingplan für Experten und solche, die es werden wollen, Offenbach 2014

Josef W. Seifert: Visualisieren Präsentieren Moderieren, Offenbach [38]2011

Gert Ueding (Hg.): Historisches Wörterbuch der Rhetorik, Darmstadt 2005

SprecherIn

Anders als der „Speaker“, der professionell Reden z. B. in der Marketing- und Coaching-Szene hält, meint „SprecherIn“ das künstlerische Sprechen für verschiedene Medien. Sie begegnen uns z. B. als Nachrichtensprecher, Hörbuchsprecherin oder Sychronsprecher.

Bücher vorlesen kann doch jeder? Zunächst einmal irgendwie schon, sogar ein Hörbuch ist inzwischen mit Aufnahmesoftware und Mikro leicht in Heimarbeit zu produzieren. Das Ergebnis ist vielleicht zufriedenstellend, aber recht sicher nicht professionell. Aus eigener Erfahrung beginnen die Schwierigkeiten mit der richtigen Atmung, es geht weiter mit der Dosierung der Kraft der Stimme, der Modellierung von Figuren mittels Stimmlage, -höhe und Satzmelodie (und dann nicht zu vergessen, wie es nun für welche Rolle war) und der Kondition (nach zwei Stunden wurde es zunehmend quietschig, es ist wirklich eine körperliche Arbeit).

Die Wege in diesen Beruf führen üblicherweise entweder durch ein Sprecherstudium (z. B. an der Hochschule der Medien) oder eine Schauspielerausbildung bzw. -studium. Es ist aber Raum für Quereinsteiger, insbesondere auch aus den Literatur- und Medienwissenschaften. Für viele sind die Radiomoderation oder das Hörbuchsprechen ein Traum. Klassische Auftrag- und Arbeitgeber sind Rundfunkanstalten und Hörbuchverlage. Die Vermittlung kann über eine Sprecheragentur erfolgen.

Oft führt der Weg dorthin jedoch insbesondere am Anfang über kurze und profane Arbeiten wie Imagefilme oder Radiospots für Unternehmen. Die Wirtschaft kann natürlich auch Kunde bleiben, denn natürlich begnügt sie sich nicht damit, Erfahrungspool für spätere Radiomoderatoren zu sein. Die Jobbörsen fragen nach Sprechern für Apps oder für Corporate Audio Pakete sowie crossmediale Produkte, bei denen neben dem Sprechen auch Texte, Bilder, Filme geliefert werden sollen. Weiterhin sind Tätigkeiten bei Bildungsdienstleistern denkbar, etwa für Online-Lernvideos. Auch die Ausschreibung einer Stelle als Souffleuse habe ich gefunden. Zur Produktbreite kommt die Vielzahl der Sprachen hinzu – Sprecher müssen nicht nur auf Deutsch sprechen; es gibt explizite Suchen nach fremdsprachigen Sprechern, gern als Muttersprachler. Auch im sozialen Bereich gibt es Einsatzmöglichkeiten, z. B. bei der Blindenbibliothek in Köln. Viele Sprecherinnen sind freiberuflich tätig.

Einfach mal ausprobieren?
Aus „Unendlicher Spaß" von David Forster Wallace soll mit „Unendliches Spiel" das „größte Hörspiel aller Zeiten" werden. Sie können daran mitsprechen. Das Projekt wird vom WDR produziert und von Andreas Ammer, Andreas Gerth und Acid Pauli kuratiert. www.unendlichesspiel.de

Bezeichnungen
SprecherIn
NachrichtensprecherIn
HörspielsprecherIn
SynchronsprecherIn
SynchronschauspielerIn

Tätigkeiten

- Sprechen und Präsentieren von Texten
- Einlesen von Hörbüchern
- Einsprechen von Hörspielrollen und Erzähltexten
- Einsprechen von Lernmedien

- Synchronisation ausländischer Medienproduktionen
- Nachsynchronisation deutschsprachiger Medienproduktionen (wegen Dialekt oder akustischen Störungen während der Aufnahme)
- Hörbuchaufnahmen
- Synchronisation von Werbeclips
- ggf. Bearbeitung des einzusprechenden Textes
- Zusammenstellung und Konzeption von (Nachrichten)Sendungen

Arbeit- und Auftraggeber
Unternehmen der Filmwirtschaft
Tonstudios
Synchronstudios
Rundfunk
Hörbuchverlage
Verlage für Bildungsmedien

Kompetenzen
Fachübergreifende Kompetenzen: Fähigkeit, deutsche „gemäßigte Standardlautung“ zu sprechen (siehe Aussprache-Wörterbuch des Duden), Lesekompetenz, Fremdsprachenkenntnisse, Vortrag, Redaktion.

Soft Skills: Selbstvertrauen, Selbstreflexion, Selbstdisziplin, Eigenverantwortung, Empathie, Kommunikationsfähigkeit, Umgang mit neuen Medien, Struktiertes Arbeiten, Stressresistenz, Zeitmanagement, Organisationstalent, Netzwerken.

Sonstiges: geeignete Stimme, Atmung, Betonung, Modulation, Stimmführung, bei Synchronisation Analyse der Szenen, lippensynchrones Sprechen, freiberufliche Existenzsicherung.

Aus der **Medien-** und **Kommunikationswissenschaft**: Planung von Technikeinsatz, ggf. Kenntnisse in Tontechnik, Cross- und Intermedialität.

Aus der **Theaterwissenschaft, Germanistik**: Schauspiel, Rezitation, Vorlesen, Kennen eines literarischen Kanons, Bewertung der ästhetischen Qualität von Texten, Rezeptionsästhetik, Dialektwissen.

Aus der **Philosophie** und **Geschichte**: Rekonstruktion und Interpretation von Thesen, Texten und Ideen.

Aus der **Theologie**: Homiletik, Gesang.

Alternativen:
Freiberuflichkeit, Vocal Coach, Phonetikerin, Einkommensmix mit Tätigkeiten als Schauspieler.

Regionale Schwerpunkte
Berlin, München, Hamburg, Köln, Stuttgart

Studium und Weiterbildungen
Typische Studienfächer: Für Nachrichtensprecher ist ein geisteswissenschaftliches Studium vorteilhaft. Einschlägige Studienfächer je nach Binnendifferenzierung – z.B. Nachrichten-, Synchron- oder Hörspielsprecher: Medienwissenschaft, Theaterwissenschaft, Schauspiel, Dramaturgie, Rhetorikkurse, Stimmtraining, Gesangunterricht, Sprechtrainings im Rahmen des Studiums oder als Angebot der Uni.
Film-, Fernseh-, Videoproduktion
Hörfunk
Mitarbeit im Uni-Radio, an der Uni-Bühne, bei Werbeagenturen am Ort, Studierendenjobs.
Sprecherschule, Medienschulen:

- Akademie für professionelles Sprechen (Berlin)
- Sprecher Akademie (Pfaffenhofen/Ilm)

- Die Freisprecher (Berlin)
- International Voice (Bremen)
- Sprechstil Atelier (Düsseldorf)
- Logo Institut (Frankfurt am Main)
- Schule des Sprechens (Wien)
- Voicefeeling (Offenbach)
- Bildungszone (Wien)
- Verbalis (Leipzig)
- Media Acting und Moderation, die medienakademie (Hamburg, Berlin, München)
- Themengebiet: „Sprache und Sprechen" der ard.zdf Medienakademie
- Synchronsprecher, Deutsche Pop
- Sprechkunst und Sprecherziehung, BA, Staatliche Hochschule für Musik und darstellende Künste Stuttgart
- Akademie für professionelles Sprechen, Berlin
- Speakersearch bietet zudem Weiterbildungen an. Und das „Movie College" bietet auch online-Kurse

Netzwerke

- Deutsche Gesellschaft für Sprechwissenschaft und Sprecherziehung e.V. (DGSS)
- Bundesverband Schauspiel e.V. BFFS
- Genossenschaft Deutscher Bühnen-Angehöriger (GDBA)
- Sprecherverband
- Interessensverband Synchronschauspieler

Jobbörsen und Stellenportale

- https://de.stagepool.com/sprecher – dort sind auch studentische Jobs ausgeschrieben.
- www.crew-united.com, Stichwort „Sprecher"
- www.mediajobs.de

Jobs werden darüber hinaus über Sprecheragenturen wie „Speakersearch“, „Stimmgerecht“ oder „Brilliantvoice“ vermittelt. Informieren Sie sich auf den Seiten der Agenturen; derzeit nehmen viele keine Bewerbungen an oder verweisen auf Castingtermine.

Auch die der Arbeitsagentur angeschlossene Zentrale Auslands- und Fachvermittlung (ZAV) ist für Sprecher und Schauspielerinnen als Vermittler tätig.

Online-Ressourcen

Deutsche Synchronkartei (zum Teil mit Hörproben)
Online-Synchrondatenbank (samt IMDb-Anbindung)
Synchronsprecher-Datenbank
www.abenteuerstimme.de
www.hoerbuecher-blog.de/wie-wird-man-eigentlich-sprecherin
www.media-paten.com

Zeitschriften

Cargo Film/Medien/Kultur
Medienbulletin

Lektüre

Dudenredaktion (Hg.): Duden. Das Aussprachewörterbuch, Berlin [7]2015.
Uwe Herzog: Das Sprecherhandbuch – Ausbildung und Praxis bei Film, TV, Funk und Werbung, Köln 2007 (PDF).
Christoph Koch: „Wie wird man eigentlich Hörspielsprecher, Herr Rohrbeck?“, FAZ-Hochschulanzeiger, 12. Mai 2003.
Michael Rossié: Sprechertraining, Berlin [5]2009.

Referenzen

http://berufenet.arbeitsagentur.de : Synchronsprecher
www.zeit.de/karriere/beruf/2013-06/beruf-synchronsprecher/komplettansicht

SchauspielerIn

„A verkörpert B, während C zuschaut."[21] So definierte Eric Bentley das Schauspiel – also kein Schauspiel ohne Wahrnehmung, ohne Zuschauer. Schauspieler ist ein Beruf, der erst mit der Vorstellungskraft der Zuschauer lebendig wird. Er verkörpert Charaktere mithilfe ihrer Mimik, Gestik, Stimme und Körpersprache auf Bühnen, in Filmen und immer mehr auch in freien, spontanen Kunstaktionen.

Auch erfolgreiche Schauspieler werden meist nur befristet angestellt, müssen sich also während ihrer gesamten Berufstätigkeit immer wieder um Folgeverträge oder -aufträge kümmern. An öffentlichen (kommunalen, Staats- und Landestheatern) Theatern und Bühnen wird der „Normalvertrag Bühne" als Tarifvertag angewendet. In der Privatwirtschaft – z.B. bei Produktionsunternehmen – gilt der Tarifvertrag für Film- und Fernsehschaffende, wenn das Unternehmen Mitglied in einem Arbeitgeberverband ist.

In der Außenperspektive scheint ein wesentlicher Unterschied des Schauspiels- zu anderen Berufen zu sein, dass er Engagements- und Lebenszyklen unterworfen ist und das Geschlecht einen Unterschied in der Beschäftigungsfähigkeit bedeutet. Das heißt: Die Strategie richtet sich auf einen Berufsweg mit möglichst lückenlosen Engagements. Ältere Schauspieler haben es schwerer als jüngere, Anschlussengagements zu bekommen. Die sinkende Zahl der arbeitslosen Schauspieler ab ca. 50 Jahren deutet nicht darauf hin, dass sie schließlich in ein Dauerengagement übergewechselt sind, sondern, dass sie eine

[21] Eric Bentley: Das lebendige Drama. Eine elementare Dramaturgie, Velbert 1967.

berufliche Alternative gewählt haben. Frauen haben es schwerer als Männer, dauerhaft an Bühnen und in Film und Fernsehen präsent zu sein; für ältere Frauen gibt es noch weniger Rollen als für ältere Männer. Die Ursache liegt nicht nur in den üblichen strukturellen Benachteiligungen von Frauen am Arbeitsmarkt, sondern auch in der Vielfalt der Rollen, die die Stücke oder Drehbücher hergeben. Jüngst bemängelte Maria Furtwängler, es gebe im Fernsehen generell zu wenig Hauptrollen für Frauen, und dass ältere Frauen „irgendwo im TV-Bermudadreieck" verschwänden. Sie könne „gerade mal eine Handvoll Schauspielerinnen in meinem Alter nennen, die noch gut zu tun haben."[22] In ihrem Alter heißt: Anfang 50.

Ein alternativer Einstieg bzw. eine Betätigung jenseits der hohen Sphären von Bühne und Film ist in der Werbung, als Komparse oder für Events und Messen denkbar.

Inhaltliche Nähe besteht zu den Literaturwissenschaften. In Ausschreibungen wird in der Regel angegeben, ob eine Schauspielausbildung für den Job erforderlich ist oder nicht. Da „Schauspieler" keine geschützte Berufsbezeichnung ist, muss nicht unbedingt eine Zusatzausbildung erfolgen. Die Weiterbildung bzw. Ausrichtung auf den Beruf erfolgt dann über das Laientheater, über private Events oder mediale Vermittlung z.B. bei Videoplattformen.

Da der Besuch der renommierten Schauspielschulen nicht nur hinsichtlich der Gebühren, sondern auch wegen des eigenen Unterhalts während des Studiums teuer ist, bieten Workshops und Schauspielcoaches gezielte

[22] http://www.spiegel.de/kultur/tv/maria-furtwaengler-kritisiert-umgang-mit-frauen-im-tv-a-1156479.html

Weiterbildungen zu ihren Spezialisierungen an, und das auch zu Zeiten, die dem Coachee Berufstätigkeit ermöglichen.

Schauspielschulen gelten dennoch als faktisch der einzige Weg, der zu Engagements, Hauptrollen und damit dem Schauspiel als Beruf führt. Die Schulen haben unterschiedliche Schwerpunkte (Tanz, Schauspiel, Musical ...). Die Aufnahmeprüfungen sind berühmt und teils selbst filmreif; erforderlich ist eine gründliche Vorbereitung, die mit den Formalia wie Fristen, erforderliche Unterlagen etc. beginnt und natürlich die Auseinandersetzung und Übung der ausgewählten Rolle zum Kern hat.

Die Schauspielschulen sind teils eng am Markt orientiert, d.h. die Ausbildung ist nicht unbedingt – wie ein Studium – losgelöst von der Praxis, sondern tatsächlich an wirtschaftlicher Verwertbarkeit orientiert. Das ist zwar einerseits ganz im Sinne der Brotgelehrten, bedeutet aber andererseits, dass diese Ausbildungshaltung nicht das Fundament bildet, um auf Veränderungen in den marktlichen Anforderungen schnell und zufriedenstellend reagieren zu können. Eher drängt dann die nächste, auf die neuen Marktbedingungen hin ausgebildete Kohorte an Schauspielern nach.

Neben den Portalen zur selbsttätigen Suche können Sie sich auch an die ZAV-Künstler-Fachvermittlung unter dem Dach der Agentur für Arbeit wenden. Sie unterhält Standorte in Berlin, Hamburg, Hannover, Köln, Leipzig, München und Stuttgart. Sie vermittelt neben Schauspielern auch technische Mitarbeiter für Bühne, Film und Fernsehen. Da sie an die Arbeitsagentur angeschlossen ist, sind ihre Leistungen für Künstler provisionsfrei.

Die Bewerberprofile können online eingesehen werden. Auch die Sedcards der Jahresabsolventen bekannter

Schauspielschulen sind über die ZAV-Künstler-Fachvermittlung abrufbar. Das ist für Sie interessant, wenn Sie sich eine Anzahl von Profilen vornehmen, um deren Werdegänge zu analysieren und zu prüfen, welche Brücken zu Ihrem bisherigen Lebensweg zu schlagen sind.

Was können Sie noch tun?

Sie können natürlich Praktika und Aushilfsjobs an Bühnen und beim Film annehmen. Vielleicht gibt es in Ihrer Nähe, vielleicht sogar in der Hochschule Angebote für Sprechtraining und Stimmbildung?

Wenn Sie ganz auf sich gestellt sind, können Sie an Ihrer körperlichen Fitness und Beweglichkeit arbeiten. Besuchen Sie Theater und Kino, insbesondere auch Theater- und Filmfeste. Lesen Sie Bücher, Blogs und nutzen Sie andere Medien zum Schauspielberuf, sammeln Sie Informationen zu Aufnahmeprüfungen. Schauen Sie Making-of-Filme an. Üben Sie vor dem Spiegel und vor der Kamera. Besuchen Sie Workshops, auch bei Laientheatern.

Üben Sie sich in Selbstreflexion.

Berufsbezeichnungen/Ausschreibungen

SchauspielerIn
DarstellerIn

Tätigkeiten

- Charakterdarstellung, künstlerischer Ausdruck an Bühnen und im Film
- Schauspiel bei Veranstaltungen (Krimi-Dinner)
- Rezitation und Lesung
- Teilnahme an Castings
- Proben, Kostümproben
- Üben, Einstudieren

Alternativen

Theaterpädagogik, SynchronsprecherIn, ModeratorIn, RegisseurIn, SängerIn, TänzerIn

Andere Bühnenjobs: Souffleuse, Licht- und TontechnikerIn, Kultur- und Veranstaltungsmanagement.

DrehbuchautorIn, ÜbersetzerIn.

Über Theater arbeiten: Theaterwissenschaft, Theater-/Filmjournalist/-kritiker, Arbeit für Fach- und Publikumszeitschriften, Theaterverlage.

Arbeitgeber

- Theater-/ Musical-/ KleinkunstBühnen
- Rundfunkanstalten
- Schauspielschulen
- Medienunternehmen
- Schauspielagenturen (als Vermittler)
- Fernseh- und Filmproduktionsunternehmen
- Veranstaltungszentren

Kompetenzen und Kenntnisse

Inhaltliche Bezüge **aus allen Fächern** je nach Studienschwerpunkt: Inhalte und Methoden zu Bühne, Film und Theater.

Fachübergreifende Kompetenzen: Präsentation, Lesekompetenz, Redaktion.

Soft Skills: Selbstvertrauen, Selbstdisziplin, Lernfähigkeit, Wunsch nach Präsentation, Beherrschen der eigenen emotionalen und mentalen Verfassung. Soziale Kompetenz, Teamfähigkeit (wobei sprichwörtlich ist, dass diese insbesondere den Führungsleuten und Stars mangle), Empathie, Kritikfähigkeit, Zeitmanagement, Stressresistenz.

Sonstiges: Körperliche Kraft und Gesundheit – Atem- und Sprechapparat, Immunsystem bei Außendrehs, Kraft und Fitness für Tanz, Akrobatik, Kampf. Freiberufliche Existenzsicherung.

Aus **Theaterwissenschaft, Germanistik, Schauspielschule:** Charakter, Gemütslagen, Stimmungen einer Rolle zum Ausdruck bringen können.

Aus **Geschichte, Philosophie, Soziologie, Kulturwissenschaft:** Wissen über historische, kulturelle und soziale Hintergründe und Zusammenhänge von Figuren und Rollen, Textkritik,

Aus den **Literaturwissenschaften:** Wissen über literarische Konventionen, Rezeptionsästhetik, literarisches Kanonwissen, Bewertung der ästhetischen Qualität von Texten.

Aus der **Linguistik:** Kenntnis von Sprech- und Dialektvarianten.

Aus der **Kommunikations-** und **Medienwissenschaft:** Planung von Technikeinsatz, Kenntnisse in Studio- und Tontechnik, Filmanalyse, Crossmedialität
Aus der Kunstgeschichte: Filmanalyse, Rezeptionsästhetik, Crossmedialität.

Studium & Weiterbildung

Die Schauspielschulen lassen sich unterteilen in Berufsfachschulen und in Kunsthochschulen, die jeweils in staatlicher, in staatlich anerkannter oder in privater Trägerschaft sein können. Über die Aufnahmefristen und -kriterien informieren Sie sich am einfachsten zunächst über die Websites.

Es gibt staatliche und staatlich anerkannte und private Einrichtungen:

- Akademie für darstellende Kunst, Ludwigsburg
- Alanus Hochschule für Kunst und Gesellschaft, Alfter
- Anton Bruckner Privatuniversität Linz

- Filmuniversität Babelsberg
- First Take Schauspielakademie
- Folkwang Universität der Künste, Bochum
- Freie Schauspielschule Hamburg
- Hamburger StageSchool
- Hochschule der Künste, Bern
- Hochschule für Musik, Theater und Medien, Hannover
- Hochschule für Musik und darstellende Kunst, Frankfurt/Main
- Hochschule für Musik und darstellende Kunst Max Reinhardt Seminar, Wien
- Hochschule für Musik und Theater "Felix Mendelssohn Bartholdy", Leipzig
- Hochschule für Musik und Theater, Hamburg
- Hochschule für Musik und Theater, Rostock
- Hochschule für Schauspielkunst „Ernst Busch“, Berlin
- Musik und Kunst Privatuniversität der Stadt Wien
- Otto Falkenberg Schule, München
- Staatliche Hochschule für Musik und darstellende Kunst, Stuttgart
- Theaterakademie August Everding, München
- Thomas Bernhard Institut, Universität Mozarteum, Salzburg
- Universität der Künste, Berlin
- Zürcher Hochschule der Künste

Netzwerke

- Interessensverband deutscher Schauspieler
- Bundesverband Schauspiel
- www.buehnenverein.de
- crew united
- www.buehnengenossenschaft.de

Jobs finden

- Künstlervermittlung der Zentralen Auslands- und Fachvermittlung (ZAV)
- www.stagepool.com
- www.casting-network.de (auch Werbe- und Imagefilme und Kleindarstellerrollen)
- www.ufa-talentbase.de/castings (auch Komparsen und Kleindarsteller)

Online-Ressourcen

Berliner TheaterArchive: http://theaterarchive.iti-germany.de

Bundeswettbewerb deutschsprachiger Schauspielstudierender: www.schauspielschultreffen.de

Deutsches Zentrum des Internationalen Theaterinstituts: www.iti-germany.de

Initiative Theatermuseum Berlin http://initiative.theatermuseumberlin.de

Portal für international mobile KünstlerInnen: www.touring-artists.info

www.buehnengenossenschaft.de

www.buehnenverein.de/de/jobs-und-ausbildung/berufe-am-theater-einzelne.html (ein Informationsangebot des Deutschen Bühnenvereins)

www.inthega.de – Interessensgemeinschaft der Städte mit Theatergastspielen – mit Jobbörse auch in der Theater-/Schauspiel-/Kulturverwaltung

www.kinofenster.de → Adressen der Institutionen und Verbände der Filmbranche

www.kulturrat.de/

Zum Normalvertrag Bühne: www.buehnengenossenschaft.de/recht/normalvertrag-buehne-recht

Zeitschriften

Blickpunkt:Film
CARGO Film/Medien/Kultur
ca:st – das Schauspieler-Magazin
Die Bühne (Österreich)
Die Deutsche Bühne, hg. v. Bühnenverein
Frauen und Film
Opernwelt
Spiel & Theater (Theaterpädagogik)
Theater der Zeit (Theater und Politik)
Theater heute

Literatur

Franz-Josef Albersmeier (Hg.): Texte zur Theorie des Films, Stuttgart 1999.

Eric Bentley: Das lebendige Drama. Eine elementare Dramaturgie, Velbert 1967 [1965].

Ulrike Boldt: Traumberuf Schauspieler. Der Wegweiser zum Erfolg, Berlin 2009.

Michael Caine: Weniger ist mehr. Kleines Handbuch für Filmschauspieler, Berlin 2009 [das ist wieder ein gutes Beispiel für eine unmögliche deutsche Adaption eines ordentlichen englischen Titels. Darum sei Ihnen der Originaltitel mitgegeben: „Acting in Film – An Actor's Take on Movie Making"].

Uta Hagen: Kleines Schauspieler-Handbuch Berlin 2007 [1973].

Ulrich Khuon (Hg.): Beruf: Schauspieler. Vom Leben auf und hinter der Bühne, Hamburg 2005.

Klaus Lazarowicz/Christopher Balme (Hg.): Texte zur Theorie des Theaters, Stuttgart 2012 [1991].

Renate Möhrmann (Hg.): Die Schauspielerin. Zur Kulturgeschichte der weiblichen Bühnenkunst, Frankfurt am Main 2000.

Margarete Schuler/Stephanie Harrer: Grundlagen der Schauspielkunst, Berlin 2011.
Eva Spambalg/Uwe Berend (Hg.): 101 Monologe: Zum Vorsprechen, Studieren und Kennenlernen, Berlin 2002.
Lee Strasberg: Schauspielen und das Training des Schauspielers. Beiträge zur „Method“, Berlin 2001.

Referenz

http://berufenet.arbeitsagentur.de : Schauspieler

RegisseurIn

Was hat mich eigentlich geritten, diesen Beruf beschreiben zu wollen? Es ist mir etwas unangenehm, Ihnen mein Nichtwissen offenzulegen.

Zu Theaterregisseuren kann ich nicht viel sagen, weil ich faktisch nicht ins Theater gehe. Es gibt ja so Lieben, die nie eine Chance hatten. Ich bin in den 80er-Jahren in der westdeutschen Provinz mit der Schule ins Theater gesetzt worden. Das war natürlich besser als der Containerunterricht. Aber ich muss es verstörend gefunden haben, denn ich erinnere mich nur an Nackte, Nazis und Trampel, auch bei Shakespeare und Lessing. Und so gelingt es mir nur mit viel bildungsbürgerlicher Tünche und Abstraktionsvermögen, nicht darauf zu bestehen, „einfach nur das Stück" vorgespielt zu bekommen. Die Arbeit des Regisseurs war für mich enigmatisch.

Ich kann nicht behaupten, dass ich nicht versucht hätte, meinen Horizont zu erweitern, und bin in die Theater-AG gegangen, allerdings in Zuständigkeit für die Technik. Die Arbeit der Regisseurin habe ich wahrgenommen als: „Alle können ihren Text und kommen pünktlich, und welcher Vater macht das Bühnenbild?" Und tatsächlich kann das auf den professionellen Kontext übertragen werden.

Etwas mehr verstanden habe ich, als ich die Festtage 2002 an der Staatsoper Unter den Linden besuchte und Harry Kupfer im Vorgespräch erläuterte, dass er Wagners Geschichten als Traum verstanden und inszeniert habe. Offenbar hat er etwas Eigenes hinzugefügt, was explizit nicht in der Vorlage stand. Das hat mich fasziniert. Aber das Publikum hat gebuht. Folglich sind Regisseurinnen und Regisseure nicht nur einfach historische Interpreten, sondern entwickeln in der Inszenierung ein eigenes Werk. Dabei gibt es Tendenzen und Moden; Nazis in den 80er-, Träume in den 00er-Jahren, gegenwärtig vielleicht Retro.

Noch peinlicher als mein unkultürliches Verständnis von Theater- und Musiktheaterregie ist meine Oberflächlichkeit im Bereich Film. Ich habe Medienwissenschaft studiert, darum ist mir Eisenstein ein Begriff, zu dem ich sogar Bilder im Kopf habe (die Treppe!, der Kinderwagen!), aber bei Fassbinder wird es schon schwieriger, Hanna Schygulla telefoniert vor meinem innere Auge, Abspann. Fragen Sie mich bitte nicht nach französischen Regisseuren; Louis Malle, dann hört es auf, und das auch nur wegen diesem Schinken mit Jeremy Irons. Ich genierte mich vor den KommilitonInnen, die wegen eines Regisseurs (!) ins Kino gegangen sind, ich glaube, mit Tarantino fing es bei uns an. Dabei bevorzuge ich Hollywood vor Potsdam/Berlin; Hollywood zeigt Träume, Potsdam/Berlin nivellierten Alltag, dessen Unterhaltungs- oder Bildungspotential ich einfach nicht erfasse.

Ich bin schlicht gestrickt und mag Tim Burtons Arbeit. Aber ich tue mich schwer, die Seite zu wechseln und aus der Rezipientenhaltung auszubrechen. Oder anders: Die *Werke* anderer Regisseure motivieren mich nicht, ihnen nachzueifern. Vielleicht hätte ich ihnen mehr bei der *Arbeit* zusehen sollen. Was denken Sie?

Die Kommilitonen, die sich damals sehr für Regisseure interessiert haben, nutzten unabhängige und studentische Bühnen, um selbst erste Regieerfahrungen zu sammeln. An etwas größeren Bühnen stiegen sie über die Regieassistenz, als Darsteller oder über einen anderen Bühnenberuf ein.

Bezeichnungen

RegisseurIn

SpielleiterIn
FilmregisseurIn
HörspielregisseurIn
DialogregisseurIn
ChoreografIn

Tätigkeiten

- Verantwortung für die künstlerische Gestaltung eines Projekts
- Interpretation der Vorlage für das Projekt (das Drehbuch, Theaterstücks etc.).
- Anpassung der Vorlage an die Möglichkeiten zur Umsetzung
- Ästhetische Prägung des Stücks
- Auswahl des künstlerischen und technischen Teams (teils eingeschränkt)
- Anleitung und Unterstützung der Darsteller bei der Ausgestaltung ihrer Charaktere
- Realisierung von Film-, Video- und Fernsehproduktionen
- Inszenieren von Sprech- und Musiktheater
- Regie bei Film- und Fernsehproduktionen
- Künstlerische Entscheidungen für eine Produktion treffen
- Einbindung anderer Kunstformen
- Entwicklung von Konzepten zu Gestaltung der Bühne, technische Effekte, Koordinierung der einzelnen Aufgaben
- Bei Film und Fernsehen: Postproduktion (Schnitt, Montage etc.)

Arbeits- und Auftraggeber

Häufig freiberufliche Tätigkeit
Film- und Fernsehproduktionsgesellschaften

Hörfunk- und Fernsehanstalten
Theater
Hausregisseure haben Festengagements.

Kompetenzen
Inhaltliche Bezüge **aus allen Fächern** je nach Studienschwerpunkt: Inhalte und Methoden zu Bühne, Film und Theater.

Fachübergreifende Kompetenzen: Deutung von Sprache und sprachlicher Struktur, Recherche, Informationsbeschaffung.

Soft Skills: Selbstvertrauen, Engagement, Belastbarkeit, visuelles Talent, Kreativität, Durchhaltevermögen, Führungsfähigkeit, Motivation und motivieren können, Überblick, Koordination, Verhandlungsgeschick, Durchsetzungsvermögen, Organisationsfähigkeit, Kritikfähigkeit, Umgangsformen, Empathie, Stressresistenz, Problemlösungsfähigkeit.

Sonstiges: Darstellerische Fähigkeiten, Existenzsicherung als Freiberufler.

Aus den **Literaturwissenschaften, Theaterwissenschaft:** dramaturgisches Wissen, literaturhistorisches Wissen, Kennen des literarischen Kanons, Bewertung der ästhetischen Qualität des Textes, intertextuelle Verfahren, Rezeptionsästhetik,

Aus **Geschichte, Philosophie, Kunstgeschichte, Soziologie, Kulturwissenschaft:** Kennen von Formen, Figuren, Kontexten, Ereignissen, Bildsprache, kulturellen Formen, sozialen Bedingtheiten, Text- und Ideenkritik, Rekonstruktion und Interpretation von Ideen und Texten.

Aus der **Kommunikationswissenschaft:** Planung, Einsatz, Analyse von Technik, Kenntnisse in Studio- bzw. Bühnentechnik.

Aus **Kunstgeschichte, Medienwissenschaft, Germanistik:**, Inszenierungsanalyse, Auswertungsverfahren/verschiedene Methoden der Text-, Bild- und Filmanalyse

Studium und Weiterbildung

- Studium Regie an Kunsthochschulen
- Hochschule für Schauspielkunst „Ernst Busch" Berlin
- Akademie für Darstellende Kunst Baden-Württemberg
- Hochschule für Musik und Darstellende Kunst Frankfurt am Main)
- Praxiserfahrung: Hospitant, Assistent.
- Häufiger Besuche von Theater, Bühnenproduktionen, auch neuer stücke.

Netzwerke

- Dramaturgische Gesellschaft
- Bundesverband Produktion Film und Fernsehen e.V. (BVP)
- Bundesverband Regie e.V. (BVR)
- Deutscher Bühnenverein Bundesverband der Theater und Orchester
- Genossenschaft Deutscher Bühnen-Angehöriger (GDBA)

Jobbörsen/Stellenportale

- Künstlervermittlung der Zentralen Auslands- und Fachvermittlung (ZAV)
- http://de.stagepool.com (Regieassistenz)

Online-Ressourcen

regie.de – Die Adresse für Filmschaffende

www.buehnenverein.de/de/jobs-und-ausbildung/berufe-am-theater-einzelne.html (Informationsangebot des Deutschen Bühnenvereins)

Zeitschriften

Die Deutsche Bühne (zugleich Portal)
dramaturgie
filmecho/filmwoche
Theater der Zeit
Theater heute

Literatur

Alan A. Armer: Lehrbuch der Film- und Fernsehregie, Frankfurt am Main [3]2000.

Jochen Brunow (Hg.): Scenario. Film- und Drehbuch-Almanach, Jg. 1-10, Berlin 2007-2016.

Bundesverband der Film- und Fernsehregisseure in Deutschland e.V. (Hg.): REGIE GUIDE 2013/2014: Regie – Assistenz – Continuity, Berlin [7]2013.

Thomas Koebner (Hg.): Standardsituationen im Film. Ein Handbuch, Marburg 2016.

Díaz Marcelo: Die Kunst der Regie: Methodische Ansätze für den Aufbau einer Inszenierung, Dresden 2015.

Jens Roselt (Hg.): Regie im Theater. Regietheorien: Geschichte – Theorie – Praxis, Berlin 2015.

Michael Rossié: Ruhe Bitte! Wir proben!: Kleines Handbuch für Regieassistenten, Berlin 2010.

Boris von Poser: Traumberuf Regisseur, Leipzig 2011.

Referenz

http://berufenet.arbeitsagentur.de : Regisseur, Film-/Fernseh-Regisseur/in, Theater-Regisseur/in/Spielleiter/in

Drehbuchautor

Film und Fernsehen erzählen Geschichten; der ehemalige ZDF-Intendant Dieter Stolte nannte insbesondere das Fernsehen den „Geschichtenerzähler unserer Zeit“[23]. Die meint nicht nur die Medientechnik, sondern ganz wesentlich die medienspezifische Narration, die zudem darauf setzt, von einer Gruppe rezipiert zu werden. Medienspezifisch meint dabei, dass nicht unbedingt der Text das Leitmedium ist, sondern dass er mit anderen filmischen Mitteln, Effekten, Erzählstrategien, Ästhetiken interagiert. Drehbuchautoren können also zum einen die Aufgabe haben, Geschichten für diese besondere Erzählform zu erfinden oder Vorlagen so zu bearbeiten, dass sie die Eigenarten von Film und Fernsehen berücksichtigen und vorteilhaft einsetzen. Aus einer Romanvorlage ein Drehbuch zu erarbeiten ist folglich mehr, als die Dialoge rausschreiben und mal eine Regieanweisung hinzufügen.

Wie gehen Sie mit unterschiedlichen Erzählperspektiven um? Wie mit Gleichzeitigkeiten oder zeitlichen Sprüngen? Wie mit Gedanken, Beschreibungen, Beobachtungen? Welche Lösung finden Sie für intertextuelle Verweise, für Texte, die im Text Handlung übernehmen, etwa Briefe oder E-Mails? Wie binden Sie Elemente ein, die in der Vorlage nicht vorkommen, aber zeitgemäß oder zielgruppengerecht sind?

Drehbuchautoren treffen die Stoffauswahl und bearbeiten diese und andere Fragen oft in Zusammenarbeit mit Regisseuren, Produktionsgesellschaften und Dramaturginnen. Sie verfassen in diesem Prozess nicht allein das Drehbuch, sondern ein ganzes Set an Textsorten:

---

[23] Zitiert nach: http://filmschreiben.de/grosse-geschichten-neu-erzaehlen-ein-tv-konzept/.

- das Exposé, das Idee, Grundelemente, Blickwinkel, Handlung enthält,
- das Treatment: nach Szenen gegliederte beschreibende Filmerzählung mit den wesentlichen Handlungslinien und ggf. Dialogproben,
- den dramaturgischen Aufbau,
- die Szeneneinteilung,
- die Dialoge,
- das Storyboard,
- schließlich das eigentliche Drehbuch, das Plot, Figuren, Dialoge, Schauplätze, Abfolgen, Angaben zu Requisiten, Kostümen, Geräuschen, Licht, ggf. Kamerawinkel und Musik enthält.

Da Drehbuchautoren häufig freiberuflich tätig sind, müssen sie neue Aufträge akquirieren, und zu diesem Zweck Kurzformen bei der Filmförderung, bei Produktionsunternehmen oder bei Sendern einreichen.

Die Digitalisierung nimmt auch Einfluss auf die Arbeitsweisen von Drehbuchautoren. Es gibt Drehbuchsoftware. DramaQueen enthält Funktionen für die Entwicklung und Analyse der Geschichte. Celtx' Schwerpunkte liegen auf Drehplan und Produktion.

Wie in der Textproduktion insgesamt, so stehen auch die Drehbuchautoren vor der Herausforderung durch künstliche Intelligenz. 2016 wurde der erste von einem Programm geschriebene Film beim „Sci-Fi-London"-Filmfestival vorgestellt. Das Programm wurde von Ross Godwin als Long Short-Term Memory programmiert, ein künstliches neuronales Netz. Den Namen „Benjamin" gab es sich selbst, als es danach gefragt wurde.[24]

---

[24] http://filmschreiben.de/und-der-oscar-geht-an-r2d2-den-ersten-automatischen-drehbuchautor/ und

Bezeichnungen
DrehbuchautorIn
Dialogautor
Script Doctor
Storyliner (Serien)
Creative Producer
Filmautor

Tätigkeiten

- Drehbuch und begleitende Textformen (s.u.) schreiben und ggf. auf Kundenwunsch umschreiben.
- Filmproduktion (für Creative Producer)
- Regie (Filmautoren)
- Verwertungsrechte, Lizenzen beschaffen und verwalten

Arbeits- und Auftraggeber

- Produktionsfirmen für Kino- und Fernsehfilme, Kurzfilme, Werbefilme, Videoclips, Serien, Dokumentarfilme, Reportagen.
- Rundfunk- und Fernsehanstalten

Üblicherweise ist DrehbuchautorIn eine freiberufliche Tätigkeit, teils in Kooperation mit Agenten, teils im Einkommensmix als Autoren für andere Medien, Dozentur.

Alternativen
Anderes Schreiben: Texten, Schriftsteller, Autoren anderer Medien.

Andere Tätigkeiten bei Film und Fernsehen: Produktion, Regisseur, Filmdramaturg.

---

www.spiegel.de/netzwelt/web/kuenstliche-intelligenz-wie-computer-drehbuecher-schreiben-a-1097027.html.

Kompetenzen
Inhaltliche Bezüge **aus allen Fächern** je nach Studienschwerpunkt: Dramaturgie, Textproduktion.

Fachübergreifende Kompetenzen: hohe Schreib- und Textkompetenz, Redaktion, Recherche von Hintergrundinformation, Aneignung von Sachwissen, Textsortenwissen.

Soft Skills: Organisationsfähigkeit, Zeitmanagement, Strukturierung von Handlungsprozessen, Lernfähigkeit, Eigenverantwortung, Kommunikationsfähigkeit, Kritikfähigkeit, Teamarbeit, strukturierte, zielorientierte Arbeitsweise.

Sonstiges: Existenzsicherung als Freiberufler, Urheberrecht, Nutzung von Drehbuchsoftware.

Aus den Literaturwissenschaften: Umsetzung gesprochener in geschriebene Sprache, damit sie dann wieder gesprochen wird, Übersetzen, Kennen des literarischen Kanons, intertextuelle Verfahren, Rezeptionsästhetik, Kompilation, Collage, Intertextualität.

Aus der **Geschichte, Kulturwissenschaft, Philosophie, Kunstgeschichte**: Kanonwissen zu Epochen, Ereignissen, Personen, Themen, Strukturen, Kulturen, Kunst, Methoden zur Konstruktion von Ideen, Rekonstruktion von Ideen und Texten.

Aus **Kunstgeschichte** und **Medienwissenschaft**: Text-, Bild- und Medienanalyse, Wirkungsanalyse.

Studium und Weiterbildung

- Studium der Kultur- und Medienpädagogik, Medienwissenschaft
- Drehbuchwerkstätten
- Filmhochschulen
- Schreiben und literarische Produktion
- Hörfunk/Fernseh-Journalismus

Netzwerke
Verband Deutscher Drehbuchautoren (VDD)

Jobbörsen/Stellenportale
- http://de.stagepool.com

Online-Ressourcen
www.stichwortdrehbuch.de vom VDD
http://filmschreiben.de
www.dramaturgenverband.org/service/links-blogs
www.scriptwriting.de
http://filmlexikon.uni-kiel.de

Literatur

Benjamin Benedict: Kreatives Schreiben – Schreiben für Film und Serie: Drehbücher selbst entwickeln, Berlin 2014.

Jochen Brunow: FilmSchreiben. Drei Drehbücher, Berlin 2016.

Syd Field: Das Drehbuch – Die Grundlagen des Drehbuchschreibens. Schritt für Schritt vom Konzept zum fertigen Drehbuch, Berlin 2007.

David Howard/Edward Mabley: Drehbuch Handwerk: Technik und Grundlagen. Mit Analysen erfolgreicher Filme Köln 1996.

Markus Kuhn: Filmnarratologie: Ein erzähltheoretisches Analysemodell, Berlin/New York 2011.

Robert McKee: Story: Die Prinzipien des Drehbuchschreibens, Berlin [7]2011.

Axel Melzener: Kurzfilm-Drehbücher schreiben: Die ersten Schritte zum ersten Film, Ober-Ramstadt 2010.

SexautorIn

„Sex gedeiht nicht in Monotonie. Ohne Gefühle, Erfindungen, Stimmungen [gibt es] keine Überraschungen im Bett. Sex muss vermengt werden mit Tränen, Lachen, Worten, Versprechungen, Szenen, Eifersucht, Neid, mit all den Gewürzen der Furcht, fernen Reisen, neuen Gesichtern, Romanen, Geschichten, Träumen, Fantasien, Musik, Tanz, Opium, Wein."[25]

Je nachdem, wie Sie so gestrickt sind, zweifeln Sie nun an meiner Seriosität, denken höflich „Ah ja" oder kennen sich besser aus als ich. Warum ich auf Sex- und Erotikautor in dieser Sammlung kam? Weil ich darüber las, dass die Erotikbranche ausgesprochen umsatzstark ist. Und weil ich dann dachte: Wo Geld ist, sind auch Jobs und Aufträge. Und mich dann an Seminare erinnerte, in denen Erotik mehr oder weniger direkt eine Rolle spielte – irgendwann lasen wir mal Mozarts Bäsle-Briefe, analysierten die Gesellschaftskritik am Ancien Régime in „Hic & Hec". Und dann habe ich gelesen, dass E.L. James, Autorin der „Shades of Grey"-Romane, Geschichte studiert hat. Der erste Band gilt als das schnellste jemals verkaufte Taschenbuch, noch vor „Harry Potter". Und als GeisteswissenschaftlerIn wissen Sie, dass es fahrlässig wäre, so einen Erfolg nicht im Kontext zu verstehen, sondern zu träumen, das sei ein völlig isoliertes Phänomen. Natürlich ist E.L. James eine geübte Schreiberin. Natürlich hatte sie nicht vom ersten Tag an Erfolg. Sie profitierte von Empfehlungen und von der Digitalisierung des Literaturbetriebs. Und in dem Moment, in dem

[25] Anaïs Nin, zitiert nach Elizabeth Benedict: Erotik schreiben. Wie Sie Sex-Szenen literarisch gestalten, Berlin 2013, S. 7.

sie als unabhängige Autorin Erfolg hatte, reagierten auch die traditionellen Strukturen und schufen Ableger, Drehbücher, Übersetzungen usw. Für uns ist also weniger relevant, wie Sie die nächste E.L. James werden; der Einstieg über Shades of Grey erlaubt einen Blick auf die vielen Tätigkeiten, die weniger prominent im Bereich Erotik- und Sexliteratur bzw. -texte ausgeübt werden und berufliche Perspektiven im üblichen Rahmen – also über Anstellungsverhältnisse oder Freiberuflichkeit, wie bei anderen Autoren und Textern auch, bieten. Wenn Sie zur Übung einmal Ihre Leserinnen-Rolle mit der Autorinnen-Rolle tauschen, werden Sie feststellen, dass es einen großen Wortschatz, viel Leseerfahrung und Handwerk braucht, damit die Erotik- oder Sexszene nicht plump, krude, redundant und abgedroschen wird. Es ist nicht leicht, LeserInnen in der Lektüre ein erotisches Erlebnis zu verschaffen. Es gibt sogar Preise für besonders absurde und misslungene Erotikszenen. Was halten Sie von „Wie ein Lepidopterologe [Schmetterlingsforscher], der ein harthäutiges Insekt mit einer zu stumpfen Nadel aufspießt, schraubte er sich in sie."[26]

Sie können Sachbücher/Ratgeber oder Belletristik schreiben. Die Liste erfolgreicher Ratgeber zu Sexualität ist lang: über Techniken und Atmung, über Inszenierung und Muskeltraining, über Stellungen und Kulturgeschichte, über Verführung und Gesundheit. Sie können im Netz, dort z.B. in Foren, auf Ratgeberseiten, in eigenen Blogs, aber auch als Selfpublisher, in Zeitschriften und in Büchern veröffentlichen.

Der Weg zur Sexautorin führt natürlich nicht nur durch ein geisteswissenschaftliches Studium. Insbesonde-

---

[26] Rowan Somerville, zitiert nach Ines Witka: Dirty Writing. Vom Schreiben schamloser Texte: Ein Übungs- und Inspirationsbuch, Tübingen 2015.

re die Gesundheitswissenschaften und Medizin sowie Therapeuten schreiben Ratgeber zu Sexualität.

Wie alle Autoren, die vom Schreiben leben, wird diese Tätigkeit überwiegend freiberuflich ausgeübt. Auftraggeber sind Verlage oder Websites, die auf erotische Literatur spezialisiert sind. Viele Erotikautorinnen leben von einem Einkommensmix. Zu jenem tragen bei: journalistische Arbeiten für Magazine (Erotik-Artikel in Frauenzeitschriften und online-Portalen von Zeitschriften, in online-Zeitschriften wie editionF), Schreiben von e-Books, Bloggen („das, was ich in den Mainstreammedien nicht so unterbringe", inkl. Paid Content), Tätigkeit als Speakerin, freie Schriftstellerin, Dozentin für Schreibkurse, Übersetzerin, Redakteurin.

Es scheint eine ganze Menge schwarzer Schafe zu geben, die in Foren nach Autoren suchen. So sind Recherche und Netzwerkarbeit gefragt, ehe Sie auf gut Glück auf eine Anzeige reagieren. Seriöse Verlage, z.B. für Heftromane, arbeiten langfristig mit AutorInnen zusammen, klären die Frage der Veröffentlichungsrechte und der Veröffentlichung unter Pseudonym oder bürgerlichem Namen. Sie zahlen angemessene Honorare. Sie können auch eine Literaturagentur als Vermittlerin einschalten.

Berufsbezeichnungen

SexautorIn
SexbloggerIn
ErotikbloggerIn
SachbuchautorIn Erotik, Sexualität und Partnerschaft

Tätigkeiten

- Schreiben von Geschichten, Drehbüchern, Werbetexten, Websitecontent, Produktbeschreibungen,

Blogartikeln zu den Themenbereichen Liebe, Erotik, Sexualität, Verführung, Homosexualität, Queer, BDSM etc.

- Content-Marketing
- Erstellen von Bildbänden, Cartoons und Comics
- SEO, SEA, Social-Web-Strategien
- Schreiben von Fachtexten und Ratgebern
- Webdesign, Fotografie oder Fotorecherche

Kompetenzen und Kenntnisse

Inhaltliche Bezüge **aus allen Fächern** je nach Studienschwerpunkt: Geschichte, Kultur und künstlerische Verarbeitung von Sexualität und Erotik, großer Wortschatz

Fachübergreifende Kompetenzen: professionelles Schreiben (verschiedene Schreibtechniken und -strategien), Recherche, Informationsbeschaffung, Redaktion, Veröffentlichen im Internet

Soft Skills: Imaginationskraft, Selbstvertrauen, Eigenverantwortung, Arbeit am Selbstbild, Empathie, Menschenkenntnis, Kommunikationsfähigkeit, Umgangsformen, Umgang mit neuen Medien, Strukturierte Arbeitsweise, Organisationstalent, Zeitmanagement.

Sonstiges: Existenzsicherung als Freiberufler, Urheberrecht, Jugendschutz.

Aus **Literaturwissenschaften, Kunstgeschichte, Medienwissenschaft:** Kanonwissen zu erotischer Literatur, Film, Kunst und deren Darstellungstechniken.

Aus der **Kommunikationswissenschaft**: Planung, Analyse und Auswertung von Kommunikationsprozessen, Social Media, Werbekommunikation

Aus der **Pädagogik:** ggf. Kenntnisse zur sexuellen Bildung, Prävention.

Aus **Politikwissenschaft** und **Soziologie**: Markt- und Meinungsforschung

Aus **Philosophie** und **Theologie**: Beratung und Seelsorge, Moral

Arbeitgeber
Verlage für Heftromane
Unternehmen in der Erotikbranche für Werbetexte und Websitecontent

Beispiele
Informationen zur Anwerbung von Autoren z.B. hier:
www.stephenson.de/autoren-gesucht.php
Beispiele für Autorinnen:
www.florentine-winter.de
www.lvstprinzip.de
www.sextexterin.de
www.strap-on-it.de/allgemein/sexblogger-szene – Bei den drei Autorinnen ist nicht herauszufinden, ob sie Geisteswissenschaften studieren.

Studium und Weiterbildung
Derzeit ist mir keine formale Weiterbildung bekannt. Learning by doing. Erotische Literatur schreiben. Vielleicht finden Sie in Autorenforen Angebote für erotische Schreibkurse.

Netzwerke

- Liste mit Verlagen: www.autorenwelt.de/verlagsliste-erotische-literatur
- Verband deutscher Schriftsteller

Jobbörsen/Stellenportale
Textagenturen (Textbroker, Textprovider, Diva-e)

Rechtlicher Hinweis:
Die Grenze zwischen Erotik und Pornografie ist gesetzlich nicht eindeutig definiert; dennoch greift bei Überschreiten dieser Grenze der Jugendschutz.

Auf Sexblogseiten sind im Impressum Hinweise auf die Jugendschutzbeauftragte für den jeweiligen Blog angegeben.

Online-Ressourcen

https://voicerepublic.com/talks/geld-verdienen-mit-selbstbefriedigung-so-macht-s-die-deutsche-sexbloggerszene

www.bastei.de/indices/index_allgemein_2417578.html

Zeitschriften

Mein heimliches Auge. Jahrbuch für Erotik

Separée

Lektüre

Elizabeth Benedict: Erotik schreiben. Wie Sie Sex-Szenen literarisch gestalten, Berlin 2013.

Carolin Fischer: Gärten der Lust. Eine Geschichte erregender Lektüren, Stuttgart/Weimar 1997.

Hiltrud Gnüg: Der erotische Roman. Von der Renaissance bis zur Gegenwart, Ditzingen 2002.

Arne Hoffmann: Lexikon des Sadomasochismus, Berlin 2004.

Institut für Sexualforschung in Wien (Hg.): Bilder-Lexikon der Erotik. Ein Nachschlagewerk für die Begriffe und Erscheinungen auf dem Gebiete der Kulturgeschichte, Sittengeschichte, Folklore, Ethnographie usw. 4 Bde. 1928–1931 (Reprint 1961).

Almut Oetjen (Hg.): Lexikon der erotischen Literatur. Autoren, Werke, Themen, Aspekte, Loseblattausgabe 1992ff.

Ovid: Liebeskunst.

Georg Seeßlen: Erotik. Ästhetik des erotischen Films, Marburg ³1996.

Mallanaga Vatsyayana: Kamasutra.

Siegmar von Schultze-Galléra: Volkserotik und Pflanzenwelt. Eine Darstellung alter wie moderner erotischer und sexueller Gebräuche, Vergleiche, Benennungen, Sprichwörter, Redewendungen, Rätsel, Volkslieder erotischen Zaubers und Aberglaubens, sexueller Heilkunde, die sich auf Pflanzen beziehen. 2 Bde. Nachdruck der Ausgabe von 1907 bis 1910, Berlin 1987.

Ines Witka: Dirty Writing. Vom Schreiben schamloser Texte: Ein Übungs- und Inspirationsbuch, Tübingen 2015.

TexterIn

Die Bezeichnung „TexterIn" wird meist als Abkürzung für „WerbetexterIn" verwendet. Es ist ein klassischer Beruf in der Werbewirtschaft. Dennoch sind die Zugangswege sind nicht eindeutig geregelt. Sowohl Absolventen einer kaufmännischen Ausbildung zum Kommunikationsdesigner finden sich dort als auch Absolventen der Geistes-, Sprach- und Wirtschaftswissenschaften von Universitäten oder der Marketingkommunikation, Public Relations, Werbung auch anderer Hochschularten. WerbetexterInnen konzipieren und formulieren Texte für Slogans, Anzeigen, Werbekampagnen und Webauftritte, die den Eigenarten der jeweiligen Medien angemessen sind – also Broschürentexte anders als Radiospots. Sie können auch Dienstleistungen im Corporate Wording übernehmen, d.h., eine Unternehmenssprache mitentwickeln, Wortlisten erstellen, Standardformulierungen und Textbausteine verfassen. Sie sollten Genreregeln und Medienanforderungen an Texte kennen. Zudem kommen neue Textsorten auf Sie zu: Headlines, Slogans, Mengentext.

Der Einstieg erfolgt über ein Praktikum, eine Traineestelle, freie Mitarbeit oder die Bewerbung auf eine freie Position (evtl. als Junior-TexterIn) und anschließendem Training on the Job. Die Auswahl erfolgt häufig über den „Copy-Test", bei dem realitätsnahe Aufgaben gestellt und bearbeitet werden.

TexterInnen können sowohl angestellt als auch selbstständig tätig sein. Typische Arbeit- und Auftraggeber sind Werbeagenturen oder Werbeabteilungen in Unternehmen. Sie arbeiten meist in Teams mit Grafikerinnen, Marketingexperten und den Kunden.

Das Einkommen freie WerbetexterInnen ist schwer anzugeben; die Spannen sind groß, und die Abrechnungsgrundlagen unterschiedlich: nach Wortzahl, nach Contenteinheiten, nach zeitlichem Aufwand.

Bezeichnungen

Texter
Werbetexter
Copywriter
Konzepter, Konzeptioner, Konzeptionstexter
Die hierarchischen Bezeichnungen für Texter sind sehr uneinheitlich.

Tätigkeiten

- Verfassen von Werbetexten in unterschiedlichen Medien für festgelegte Zielgruppen (Anzeige, Plakat, Broschüren, Blog, TV- oder Radiospot)
- Verfassen von Produktbeschreibungen (Kataloge)
- Verfassen von Newslettern und Mailings
- Recherche und Analysen über Zielgruppen und Mitbewerber
- Strategie- und Konzeptentwicklung gemeinsam Fachkräften aus Grafik und Marketing
- Festlegen von Schlag- und Schlüsselwörtern
- Corporate Wording – Entwurf von Textbausteinen für die einheitliche geschäftliche Korrespondenz
- Textredaktion
- Kundenberatung und -betreuung

Arbeits- und Auftraggeber

- Werbe-, PR-, Kommunikationsdesign- und Medienagenturen
- Werbeabteilungen von Unternehmen
- Unternehmensberatungen

Wenn Sie selbstständig tätig sein wollen (oder müssen), sollten Sie mit Ihrer Steuerberatung oder dem Finanzamt klären, ob Ihre Tätigkeit freiberuflich oder gewerblich erfolgt. Üblich ist dann eine Mitarbeit als Freelancer.

Alternativen
PR, Journalismus, Redenschreiber

Kompetenzen
Fachübergreifende Kompetenzen: professionelles Schreiben (verschiedene Schreibtechniken und -strategien), Recherche, Informationsbeschaffung, Redaktion, Argumentation

Soft Skills: Selbstvertrauen, Eigenverantwortung, Empathie, Menschenkenntnis, Kommunikationsfähigkeit, Umgangsformen, Umgang mit neuen Medien, strukturierte Arbeitsweise, Organisationstalent, Zeitmanagement, Konzeption, Ideenfindung, Teamarbeit, Gespür für Trends.

Sonstiges: Existenzsicherung als Freiberufler. Einsatz von Software (Textverarbeitung, Grafikdesign, Webdesign, CMS, Präsentation, Internet-Tools, SEO).

Aus den **Literaturwissenschaften**: Texterstellung, Textsortenwissen, Bewertung der ästhetischen Qualität von Texten, Rezeptionsästhetik.

Aus der **Kunstgeschichte**: Grafik, Typografie, Rezeptionsästhetik.

Aus **Politikwissenschaft** und **Soziologie**: Datenerhebung, Statistik, Markt- und Meinungsforschung.

Aus der **Geschichte**: Themen, Formen und Methoden des History Marketing.

Aus **Soziologie** und **Linguistik**: Wissen um Wortbedeutung, Soziolekte.

Aus der **Kommunikationswissenschaft:** Planung, Analyse und Auswertung von Kommunikationsprozessen und Medien.

Aus der **Philosophie**: Analyse, Ordnung und Klassifikation von Begriffen, Rhetorik, Methoden zur Konstruktion von Ideen (Schreiben, Traktat) , Ausarbeitung und Verteidigung von Standpunkten, Analyse von Behauptungen, Vergleichen.

Studium und Weiterbildung
Die Ausbildung zum Werbetexter ist nicht gesetzlich geregelt. BA Werbung und Marketingkommunikation, BA+MA Kommunikationswissenschaft, BA+MA Journalismus, Journalistenschule.

Weiterbildungen:
Es gibt spezialisierte Bildungsanbieter:

- Texterschmiede, Hamburg
- Miama Ad School, Berlin
- kreativKader, Düsseldorf
- Text-College, München
- Schreibszene, Bern/Zürich

Diverse private Institute bieten weiterhin Kurse und Workshops zu Werbetext, PR, Social Media, Desktop-Publishing (DTP), CMS, Medienrecht, je nach Neigung und Talent Grafikdesign.

Netzwerke

- GWA (Branchenverband)
- Texterverband
- Bundesverband professioneller Werbetexter Deutschland
- Schweizer Texterinnen- und Texterverband

Zeitschrift
Marktmonitor, hg. v. Texterverband

Literatur

Astrid della Giustina: Berufsbild „Konzeptioner Text“. Tipps und Perspektiven für Schreibtalente, Düsseldorf 2004

Armin Reins (Hg.): Die Mörderfackel – Das Lehrbuch der Texterschmiede Hamburg, Mainz ²2003.

Jörn Winter (Hg.): Handbuch Werbetext. Von guten Ideen, erfolgreichen Strategien und treffenden Worten, Frankfurt/M. ²2004.

Biograf

Im Studium begegneten mir Biografen nicht als Menschen, die eine Dienstleistung anboten, sondern als Professoren oder Gelehrte, gern auch tot, die über andere Professoren oder große Geister schrieben. Plutarchs Doppelbiografien, Augustinus‘ Confessiones, Casanovas „Geschichte meines Lebens“ als Autobiografie, Kershaw über Hitler, Golo Mann über Wallenstein, Stefan Zweig mit seinen erzieherischen Charakterstudien natürlich; und Frauen gab’s ja auch, jüngst veröffentlichte Barbara Stollberg-Rilinger eine Biografie Maria Theresias.

Was machen Biografen? Biografien schreiben und das Leben anderer Leute in deren Auftrag oder von öffentlichem Interesse verfassen. Aber sie bieten auch Variationen der klassischen chronologischen Biografie: Biografische Festschriften, Memoiren, Meditationen, Romane, Spielszenen, Kurzformen wie Lebensporträts; mediale Variationen wie Filmbiografien, Fotobücher, Hörbücher. Hinzu kommen Formen, die für den persönlichen Rahmen gedacht sind: Lebensgeschichten, Abschiedsgestaltung; Formen, die über einen Menschen hinausgehen: Familiengeschichten und -chroniken, Unternehmensgeschichten. Einige Biografen leisten auch Beratungsarbeit bis hin zur therapeutischen Biografiearbeit, für die eine Zertifizierung erforderlich sein kann.

Die meisten Biografen bieten eine Dienstleistung aus einer Hand; sie kümmern sich nach dem Verfassen des Textes auch um das Layout, die Herstellung und ggf. die Vermarktung des Buches.

Die Zeiten ändern sich, und der Trend geht dahin, dass man sich nicht unbedingt fertige Produkte liefern lässt, sondern sich Unterstützung holt, um Dinge selbst zu tun. Darum bieten viele Biografen Beratung, Begleitung und Workshops an oder leisten nur einen Teil der Arbeit an der Biografie, etwa das Lektorat (im Sinne eines Fachlektorats Biografie, nicht als erweiterte Rechtschreibprüfung), Recherche, Arbeit an Medien (Fotos, Film) oder Layout. Sie leiten Erzählcafés, Schreibkurse, bieten Online-Kurse.

Eine Idee, die in Deutschland ausbaufähig ist, aber die ich für Australien las, sind Biografien für Homepages, die als Teil der Öffentlichkeitsarbeit von Einzelunternehmern geschrieben werden. Professionelle Kenntnisse, Erfahrungen und Motive werden im Kontext und in ihrer Entwicklung und Dynamik dargestellt. Das Ziel ist der Vertrauensaufbau und die Möglichkeit für Kunden, einen Dienstleister zu finden, der zu ihren Wünschen und zu ihren eigenen Vorlieben passt.[27]

Biografen sind in der Regel Freiberufler und leben von einem Einkommensmix. Ein Stundensatz von 80€ klingt respektabel, der Preis von 13.000 bis 15.000 € einer Biografie von 150 Manuskriptseiten vielleicht sogar üppig – gehen Sie davon aus, dass nicht alle Biografen und insbesondere nicht die Berufseinsteiger jede ihrer vierzig Arbeitsstunden pro Woche zu diesem Tarif verkauft bekommen. Typische Nebentätigkeiten sind Ghostwriting, kreatives Schreiben, Coaching oder Journalismus.

Ich habe ca. zwanzig Profile von Biografinnen, die ihre Dienste anbieten, näher betrachtet. Sie alle haben ein Hochschulstudium absolviert, teils ausgesprochen fachaffin (u.a. Geschichte, Germanistik, Psychologie, Bibliothekswissenschaft), teils weiter entfernt (z.B. VWL, Architektur, Geologie). Nur ca. die Hälfte hat sie sich zertifizieren lassen oder explizit weitergebildet; manche

---

[27] www.immobilien-akquiseprofis.de/immobilienmakler-biografie-marketing-ueber-uns-mich-team-makler.

schreiben sehr frei, dass sie z.B. über die Biografie eines Angehörigen eingestiegen sind. Ebenfalls die Hälfte ist zur Biografie gekommen, nachdem eine erste Berufstätigkeit oder Karriere beendet wurde, z.B. als Wirtschaftsjournalist, als Lehrerin, im Produktmanagement, als Versicherungsfachwirtin.

Berufsbezeichnungen
BiografIn
FreieR HistorikerIn, GermanistIn
GhostwriterIn

Tätigkeiten

- Biografien, Memoiren verfassen
- Interviews führen
- Kooperation mit Forschungsinstituten, Verbänden, Kulturinstitutionen
- Familienforschung
- Soziale Arbeit
- Lektorat, Korrektorat, Veröffentlichung
- Bei Biografiearbeit und entsprechender Qualifikation therapeutische Anteile

Alternativen
Selbstständigkeit mit einem Geschichtsbüro.
Heilpraktiker, Trauerbegleitung.

Arbeitgeber
Diese Tätigkeit wird überwiegend freiberuflich ausgeübt.

Kompetenzen und Kenntnisse
Inhaltliche Bezüge **aus allen Fächern** je nach Studienschwerpunkt: Biografien, Autobiografien, Werklisten, Sammlungen etc.

Fachübergreifende Kompetenzen: professionelles Schreiben (verschiedene Schreibtechniken und -strategien), Forschung, Recherche, Informationsbeschaffung, Redaktion, Interviewtechniken, Lektorat, Buchgestaltung, ggf. Fremdsprachenkenntnisse, ggf. Katalogisierung und Bestandserschließung.

Soft Skills: Empathie, Interesse an Menschen, Gesprächstechniken, Lernfähigkeit, Selbstreflexion, Eigenverantwortung, Menschenkenntnis, Umgangsformen, Umgang mit (neuen) Medien, strukturierte Arbeitsweise, Organisationstalent, Zeitmanagement.

Sonstiges: Existenzsicherung als Freiberufler, Erwachsenenbildung und Therapie (biografische Lern-/Präventionsprozesse), Selfpublishing.

Aus der **Geschichte:** Biografie, Paläografie, Genealogie, historische Bildwissenschaft, Kontextualisieren, historische Darstellungsformen kennen, Gespür für Kohärenz und Lücken, Oral History, ggf. Archivarbeit, ggf. länder- oder regionenspezifisches historisches Wissen.

Aus der **Literaturwissenschaft:** Kenntnisse biografischer Gattungsspezifika und Darstellungsformen, Textproduktion, Intertextualität, Bewertung und Herstellung von ästhetischer Qualität.

Aus der **Sozialwissenschaft:** empirische und qualitative Sozialforschung.

Aus der **Ethnologie:** beobachtende und beschreibende Verfahren.

Aus der **Kunstgeschichte:** ggf. Werkbiografien, Werkbegutachtung.

Aus der **Philosophie:** Ausarbeitung und Verteidigung von Standpunkten, Beantwortung von philosophischen Fragen, Analyse von Behauptungen (systematisch), Rekonstruktion und Interpretation von Thesen und Ideen (historisch).

Aus **Politikwissenschaft** und **Soziologie**: Datenerhebungen (Befragung, Beobachtung, Experiment, Simulation), qualitative Sozialforschung.

Aus der **Theologie**: Seelsorge, ggf. Trauer- oder Sterbebegleitung.

Netzwerke

- (Vereinigung deutschsprachiger Biografinnen und Biografen e.V. mit Weiterbildungsangebot
- Gesellschaft für Biografiearbeit e.V.
- Berufsvereinigung Biografiearbeit auf Grundlage der Anthroposophie e. V.
- Fachverband für Biografiearbeit FaBia
- Berufsverband Biographiearbeit Schweiz

Studium und Weiterbildung

Einen Studiengang Biografie gibt es derzeit in Deutschland nicht. Sie können eigeninitiativ einen Studienschwerpunkt Biografien gestalten oder bereits neben dem Studium mit dem Schreiben von Biografien beginnen, z.B. in einem Blog oder ehrenamtlich mit der Teilnahme an Biografieprojekten. Interviews führen, z.B. im Freundes- oder Verwandtschaftskreis.

Eine Weiterbildung ist über das Biographiezentrum als Zertifikatstudium möglich. Auch anthroposophische Weiterbildungen für Biografiearbeit werden angeboten.

Jobbörsen und Stellenportale

Da die Tätigkeit meist freiberuflich ausgeübt wird, gibt es keine spezialisierte Stellenbörse. Zur Akquise empfiehlt es sich, Zirkel zu identifizieren, in denen der Bedarf an biografischen Dienstleistungen besteht, z.B. bei Personen des öffentlichen Lebens oder in Ahnenforscherzirkeln.

Online-Ressourcen

blog.biographiezentrum.de
www.easybiograph.com (Hilfsmittel für Excel, entwickelt an der FH St. Pölten)
www.fernuni-hagen.de/geschichteundbiographie/deutschesgedaechtnis/ (Archiv des Instituts für Geschichte und Biografie an der Fernuni Hagen; Sammlung von Interviews und schriftlichen Lebenszeugnissen)
www.biographie-portal.eu
www.deutsche-biographie.de

Zeitschriften

BIOS – Zeitschrift für Biographieforschung
Zeitschrift für Biographiearbeit

Literatur

Hans Erich Bödeker (Hg.): Biographie schreiben, Göttingen 2003.

Pierre Bourdieu: Die biographische Illusion, in: BIOS 1 (1990).

Bernhard Fetz/Wilhelm Hemecker (Hg.): Theorie der Biographie. Grundlagentexte und Kommentar, Berlin u. a. 2011.

Michaela Frölich/Grit Kramert (Hg.): Wege zur Biografie. Biografien schreiben und schreiben lassen, Kaufering 2016.

Olaf Hähner: Historische Biographik – Die Entwicklung einer geschichtswissenschaftlichen Darstellungsform von der Antike bis ins 20. Jahrhundert, Frankfurt am Main 1999.

Christian Klein (Hg.): Handbuch Biographie. Methoden, Traditionen, Theorien, Stuttgart/Weimar 2009.

Hanns-Josef Ortheil: Schreiben über mich selbst. Spielformen des autobiografischen Schreibens, Mannheim 2013.

Peter Pantuček: Soziale Diagnostik. Verfahren für die Praxis Sozialer Arbeit, Wien/Köln/Weimar ^{3}2012.

Thomas Winkelbauer (Hg.): Vom Lebenslauf zur Biographie – Geschichte, Quellen und Probleme der historischen Biographik, Horn 2000.

Familienforschung

Familienforscher bilden für mich ein Klischee. Es sind etwas verschrobene ältere Herren, gern mit Ehefrau dabei, die Sekretärin im besten Sinne ist, freundlich bis zu dem Moment, in dem sie Witterung nach einem Ahnen aufnehmen und die Welt um sich herum vergessen. Sie haben meist ein tendenziell konservatives und positivistisches Geschichtsbild, progressiv hingegen ist die IT-Affinität.

Wenn ich dieses Klischee an der Wirklichkeit überprüfe, stimmt es natürlich nicht. Aber ab und zu spaziert so ein Klischee-Familienforscher durch meine Welt, und ich freue mich darüber, dass ein Traum wahr wird – dann kann es ja auch mit anderen gelingen.

Familienforschung ist für viele eine Liebhaberei oder Teil der eigenen Identitätsarbeit. Sie wird dann semiprofessionell, aber mit reichlich zeitlichem und finanziellem Aufwand betrieben. Immer wieder stoßen diese Hobby-Genealogen an Grenzen; sie kommen mit ihren Forschungen nicht weiter, weil sie nicht wissen, wie sie Dokumente suchen oder auswerten sollen, weil sie Archivalien nicht lesen oder übersetzen können, weil ein Dokumententyp auftaucht, den sie bislang nicht kannten oder weil es schwierig ist, Informationen korrekt zu bewerten. Dann kommen professionelle Genealogen ins Spiel.

Trendsetter der Genealogie ist die USA. Der Genealoge Christian Hoske schätzt, dass auf einen deutschen 25 US-amerikanische Familienforscher kommen[28] und geht darum davon aus, dass in den kommenden Jahren

---

[28] www.christian-hoske.de/ihr-ahnenforscher-in-deutschland-startseite/genealoge-ahnenforscher-familienforscher-ein-service.

die Nachfrage nach Dienstleistungen rund um dieses Hobby steigen wird.

Aufträge akquirieren ist mühsam, und die Arbeit ist es auch – jeder, der schon einmal in einem Archiv gearbeitet hat, kennt die Anstrengung von tagelanger Quellenlektüre, an deren Ende eine mögliche Spur, aber noch kein Beleg steht. Nicht jedem Auftraggeber ist bewusst, wie hoch der Aufwand ist, und entsprechend schwierig sind dann die Honorarverhandlungen.

In Foren werden die Tipps gegeben, in Pfarrämtern oder Familienforschungsstellen nach Aufträgen zu fragen bzw. danach, ob Anfragen übernommen werden können.

In einschlägigen Genealogie- und Ahnenforschungszeitschriften und Foren finden sich auch Anzeigen von Dienstleistern – ich weiß allerdings nicht, wie hoch die Konversionsrate dieser Anzeigen ausfällt.

Eine Schwierigkeit bei der Existenzgründung als Genealoge ist die Konkurrenz zu kostenlosen Angeboten, und zwar sowohl im Bereich Crowdsourcing oder vereinsinterne Datenweitergabe, aber auch Ehrenämtler und Pensionierte.

Eine Sonderform der Familienforschung stellt die Erbenermittlung dar (siehe Bd. 1). Hier allerdings liegt nicht so sehr eine Vermischung von persönlicher Leidenschaft, Ehrenamt und Erwerbsabsicht vor wie bei den genealogischen Dienstleistern, die Ahnenforschung von Privatpersonen unterstützen.

Bezeichnungen

Freie Historikerin, Freier Historiker
(Berufs)Genealoge
Familienforscher
Ahnenforscher
Erbenermittler

Tätigkeiten:

- Fachliche, methodische und wissenschaftlich fundierte Unterstützung bei der Ahnenforschung
- Suche nach Vorfahren einer Familie, einer lebenden Person, einem Auftraggeber, nach den Wurzeln des Ehepartners, der Freundin oder einer ganz berühmten Persönlichkeit.
- Erbenermittlung

Kompetenzen:
Inhaltliche Bezüge **aus allen Fächern** je nach Studienschwerpunkt: Familiengeschichte, Biografien, Archivarbeit.

Fachübergreifende Kompetenzen: Forschung, Archivarbeit, Recherche, Informationsbeschaffung, Redaktion, Interviewtechniken, Lektorat, Buchgestaltung, professionelles Schreiben (verschiedene Schreibtechniken und -strategien), Fremdsprachenkenntnisse (Latein, Französisch, Englisch, slawische Sprachen, deutsche Dialekte), Katalogisierung und Bestandserschließung, biografische Verfahren.

Soft Skills: Empathie, Gesprächstechniken, Lernfähigkeit, Selbstreflexion, Eigenverantwortung, Menschenkenntnis, Umgangsformen, Umgang mit (neuen) Medien, strukturierte Arbeitsweise, Organisationstalent, Zeitmanagement, Geduld, Fingerspitzengefühl.

Sonstiges: Existenzsicherung als Freiberufler, Computergenealogie, Selfpublishing, ggf. künstlerische Fähigkeiten für Heraldik oder Stammbaumanfertigung, Dokumentenfotografie.

Aus der **Geschichte:** Handschriften lesen (Paläografie). Territorial-, Verwaltungs-, Sozialgeschichte, Kontextualisieren, Oral History, Quellenmaterial auswerten.

Aus **Geschichte** und **Theologie**: Lateinkenntnisse.

Aus **Ethnologie** und **Kulturwissenschaft**: beobachtende und beschreibende Verfahren

Aus der **Germanistik**: Textproduktion, Bewertung und Herstellung der ästhetischen Qualität der Texte, intertextuelle Verfahren.

Aus **Kommunikations- und Medienwissenschaft, Kunstgeschichte**: ggf. Planung und Ergänzung von Medien jenseits der archivalischen Überlieferung, Medienanalyse.

Studium und Weiterbildung

Ein Studium der Geschichte, geschichtlichen Hilfswissenschaften oder Archivwissenschaft ist sinnvoll. Genealoge ist kein geschützter Begriff, so dass diese Studienfächer nicht verbindlich sind. Sie verhelfen Ihnen aber zu den Kompetenzen, die zur Ausübung dieses Berufs erforderlich sind. Letztlich sind Genelogen spezialisierte Historiker, und zwar nicht nur hinsichtlich der Subdisziplin Genealogie, sondern meist zusätzlich auch auf ein bestimmtes Gebiet.

Private Bildungsinstitute bieten anwendungsbezogene Fernstudiengänge zur Ahnenforschung an.

Wer sich im Rahmen des Hochschulstudiums spezialisieren möchte, kann dies an Fakultäten tun, die historische Hilfs- und Grundwissenschaften dauerhaft anbieten, etwa an der Uni Heidelberg.

Netzwerke

- Verband deutschsprachiger Berufsgenealogen
- Verein für Computergenealogie

Jobbörsen und Stellenportale

Die Tätigkeit wird in der Regel freiberuflich und ausgeübt; daher gibt es keine spezialisierten Stellenportale.

Individuelle Akquise ist notwendig. Genealoge/Familienforscher ist keine geschützte Berufsbezeichnung; auch Menschen ohne akademischen Abschluss können sich folglich so nennen und ihre Dienstleistungen anbieten.

Online-Ressourcen

Deutsche Arbeitsgemeinschaft genealogischer Verbände
Deutsche Forschungsgesellschaft für Genealogie und Heraldik
Das deutsche Adelsarchiv
Family Search
http://pro-heraldica.de
Verband deutschsprachiger Berufsgenealogen
Zentralstelle für deutsche Personen- und Familiengeschichte Leipzig

Zeitschriften

Familienforschung: Ahnenforschung leicht gemacht (inkl. Computergenealogie), hg. v. Verein für Computergenealogie

Überblick hier: www.genealogie-zeitschriften.de

Literatur

Alexander Schug/Viktoria Urmersbach: Achtung Ahnen, ich komme: Praxisbuch moderne Familienforschung, Berlin 2011.

Thomas Wieke: Ahnenforschung: So erkunden Sie Ihre Familiengeschichte, Berlin 2013.

Sascha Ziegler: Ahnenforschung: Schritt für Schritt zur eigenen Familiengeschichte, Berlin 2012.

Reflexionen und Übungen

Welche Berufe gibt es in meinem Umfeld?

Für heute habe ich mir vorgenommen, in meinem Alltag KommilitonInnen zu finden. Oft komme ich mir nämlich vor wie eine Exotin; alle haben ordentliche Berufe, nur ich mache etwas, für das niemand in meiner regionalen Einöde Verständnis hat.

Wo begegne ich also GeisteswissenschaftlerInnen in meinem heutigen Alltag zwischen 8 und 14 Uhr?

Anzahl	Personen
1	eine andere Mutter, die ihr Kind zeitgleich zur Schule gebracht hat.
6	zum zweiten Frühstück die „Happinez“ (eine Mindstyle-Zeitschrift) gelesen: Redakteurinnen, Porträtierte
7	Mails geöffnet. GeisteswissenschaftlerInnen als Absender.
1	Meine Mutter ruft an.
?	„Zeit“ und „Süddeutsche“ online gelesen – AutorInnen, RedakteurInnen
1	Kommentar von einer Studierenden in meinem Blog
2	Buch gelesen
Min. 18	**Summe**

Die Berufe sind: Lehrerin, Redakteurin, Autorin, freier Philosoph, Coach, Verlegerin, Projektmanagerin, Wissenschaftler, Gleichstellungsbeauftragte, Veranstaltungs-/Vernetzungsmanagerin, PR, Lektorin, Journalistin. Alles einschlägig.

Für einen Vormittag im eigenen Büro waren das mehr als ich dachte. Weiterhin zeigt dies, dass viele Geisteswissenschaftler mit und für andere Geisteswissenschaftler arbeiten. Wir sind ganz wesentlich selbst unsere Ziel- und Referenzgruppe.

Grabe, wo du stehst.

Nun Sie: Beobachten Sie heute Ihr Umfeld und notieren Sie alle GeisteswissenschaftlerInnen, die Ihnen mittelbar oder unmittelbar begegnen. Suchen Sie nicht in Kategorien, schauen Sie einfach m auf ihren Alltag.

Legen Sie ein Notizbuch an und erstellen Sie eine Liste. Sammeln Sie in diesem Notizbuch Beispiele für berufliche Praktiken, um Ihren Blick zu weiten und Material zur Entscheidungs- und Strategiefindung zur Verfügung zu haben.

Keine Idee, wo Sie anfangen sollen?

Woher haben Sie dieses Buch? Bibliothek, Buchhandlung, direkt beim Verlag bestellt, online bestellt? Alles rund um dieses Buch hat mit Berufen von Geisteswissenschaftlern zu tun. Ich, die Autorin, bin auch berufstätige Geisteswissenschaftlerin (auf die Liste!).

In welchem Kontext lesen Sie dieses Buch. Studium? Welche Berufe von Geisteswissenschaftlern begegnen Ihnen im Hochschulalltag? Studierende, Dozenten, natürlich. Hier können Sie viel über die Arbeitsorganisation herausfinden. Sind die Dozenten alle hauptberuflich tätig, also wissenschaftliche Mitarbeiter oder Professorinnen? Nein? Womit verdienen sie dann ihr Geld?

Weiterhin treffen Sie vermutlich auf Bibliothekarinnen. In der Hochschulverwaltung und im Wissenschaftsmanagement sind möglicherweise GeisteswissenschaftlerInnen tätig. International Office? Career Service? PR-Stelle? Weiterbildung? Archiv und Sammlungen? Studierendenwerk? Stöbern Sie durch die Internetseiten, auch durch die Stellenanzeigen, auch für den nichtwissenschaftlichen Dienst.

Wo Sie schon einmal surfen: Fördert Ihre Hochschule aktive Alumniarbeit? Finden Sie Profile von Alumni auf den Seiten der Hochschule? Sind Absolventen Ihrer oder verwandter Fächer dabei?

Viele AbsolventInnen sind irgendwann bei einer Einrichtung oder einem Unternehmen beschäftigt, die sie im Studium noch gar nicht kannten. Die überwiegende Mehrzahl der Unternehmen sind kleine und mittlere Unternehmen (KMU, ca. 99%). Ca. 60% der Arbeitnehmer sind in KMU beschäftigt.[29] Setzen Sie bei den Praktikums- und Jobbörsen von Institut, Fakultät und Hochschule an. Schauen Sie, welche Unternehmen oder öffentlichen Einrichtungen dort regelmäßig Praktika für GeisteswissenschaftlerInnen anbieten. Notieren Sie diese Unternehmen, auch dann, wenn sie nicht hundertprozentig zu Ihren Plänen passen.

Stellen Sie im nächsten Schritt fest, welcher Art die Unternehmen oder Einrichtungen sind. Museum, Bildungseinrichtung, Stiftung, Kulturunternehmen, Verlag? Ganz was anderes? Dann nehmen Sie sich das Internet und recherchieren Sie mithilfe einer gängigen Suchmaschine, welche anderen Museen, Bildungseinrichtungen, Stiftungen, Kulturunternehmen, Verlage es in der Stadt gibt. Oder in der Region. Notieren Sie sie.

Besuchen Sie Websites ausgewählter Unternehmen oder Einrichtungen und versuchen Sie, herauszufinden, ob sie einer Dachorganisation, einem Fachverband, einem Träger angehören. Gehen Sie auf die Website dieser

---

[29] www.destatis.de/DE/ZahlenFakten/Gesamtwirtschaft Umwelt/UnternehmenHandwerk/KleineMittlereUnternehmenMittelstand/KleineMittlereUnternehmenMittelstand.html.

Dachorganisation, des Fachverbandes, des Trägers. Suchen Sie dort die Einträge zu den Mitgliedern. Notieren Sie die Mitglieder, die Ihnen interessant erscheinen.

Setzen Sie Ihr Schneeballsystem noch einmal neu an. Versuchen Sie, herauszufinden, welches Wirtschaftsprofil Stadt und Region haben, in der Sie studieren, leben oder in die Sie umziehen möchten. Welche affinen Branchen, Arbeitgeber usw. sind dort vertreten? Welche Hochschulen, Bildungseinrichtungen (auch private), Buchunternehmen, Kulturunternehmen, öffentliche Verwaltung, Kirchen und religiöse Gemeinschaften, Stiftungen, Museen, Bibliotheken, Übersetzungsbüros, Medienunternehmen. Gibt es ein Unternehmensverzeichnis, einen Jobguide, eine Liste zu diesen Unternehmen und Einrichtungen in deiner Region? Die Wirtschaftsförderung? Die Werbegemeinschaften? Die Gelben Seiten? Eine Xing- oder facebook-Gruppe? Hat die IHK dazu eine Publikation?

Und ein letztes Mal neu angesetzt: Gehen Sie auf die gängigen Online-Stellenbörsen, schauen Sie in die Samstagsausgabe der überregionalen Zeitungen, und notieren Sie, welche Stellen für GeisteswissenschaftlerInnen ausgeschrieben sind. Natürlich stehen in den Zeitungen Führungspositionen, für die Berufserfahrung Voraussetzung ist und Sie vermutlich noch nicht in Frage kommen. Das macht für diese Übung nichts. Sie sollen den Blick schärfen für Bezeichnungen, die für die offenen Positionen verwendet werden. Dort steht kaum je „Germanist gesucht“, sondern „Praktikant (w/m) Textredaktion“ „Mitarbeiter Content Management“, „Wissenschaftlicher Mitarbeiter“. Also legen Sie eine Sammlung von Bezeichnungen an, die in Stellenanzeigen verwendet werden, und erweitern Sie Ihre professionelle Nomenklatur.

Bonus: Wenn Sie sich trauen, fragen Sie einmal **fremde Leute** auf der Straße, z.B. so: „Guten Tag, ich bin XY und studiere A, B, C. Haben Sie zufällig auch Geisteswissenschaften studiert? Entschuldigen Sie die direkte Frage; sie ist Teil eines empirischen Studienprojekts."

Wenn Sie eine Weile gesammelt haben, clustern Sie Ihre Ergebnisse, z.B. so: Legen Sie eine Mindmap an mit den fünf Startarmen „Alltag", „Region", „Hochschule", „Dachverbände/Berufsverbände", „Stellenbörsen" und sammeln Sie, welche Berufe es gibt.

Alumniforschung

Es gibt keine Studien, die im Kleinsten und in einer Langzeitentwicklung den Verbleib von Absolventen darlegen. Wir können uns nur Einzelfällen widmen.

Darum besteht Ihre Aufgabe darin, Lebensläufe von Alumni zu sammeln.

Legen Sie einen Zeitraum fest: eine Woche oder sechs Wochen lang jeden Freitagmorgen. In diesem Zeitfenster durchforsten Sie ihre Umgebung und das Netz nach wirklichen Menschen, die Ihre Fächer studiert haben und nun einen Beruf ausüben. Es ist egal, ob Ihnen dieser Beruf gefällt oder nicht – Sie lernen, den Blick auf die berufliche Praxis zu richten und Informationen dazu zu sammeln. Erstellen Sie eine Liste, enthaltend:

- Berufliche Praxis der Person
- Name der Person [oder Kürzeln, Nutzername etc.)
- Studienfächer, Hochschule
- Quelle/Website.

Hören Sie sich in der Studierendenschaft um – wer weiß etwas über die Absolventinnen der vergangenen Jahre? Wo sind sie gelandet? In der Fachschaft etwa können ältere Studierende leicht angesprochen werden, die noch Kontakt zu jüngst Graduierten pflegen.

Nutzen Sie die üblichen sozialen Medien und Business-Netzwerke, um zu schauen, stöbern, zu fragen und zu suchen. Wenn Sie aktiv in eine Gruppe oder in ein Forum hineinfragen, ist es zugleich eine gute Übung, Antworten, die einfach nur die Luft verpesten wollen und darüber hinaus vage bleiben, zu ignorieren.

An manchen Universitäten sind Alumni recht präsent und stellen sich mit Werdegang auf den Seiten der Hochschule oder der Alumni-Stelle (oder des Clubs) vor. Gleiches gilt für andere Vereine oder Verbindungen, die an Ihrem Hochschulort aktiv sind. Schauen Sie also auch dort nach.

Die Berufsberater kennen ebenfalls exemplarische Werdegänge. Sie finden sie im Career Service der Hochschule oder sogar an einigen Hochschulen zusätzlich an den Instituten und Fakultäten. Natürlich sind sie Datenschutzrichtlinien unterworfen, bedenken Sie dies bitte, wenn Reaktionen verhalten kommen.

Prominente

Haben Sie Vorbilder für Ihren beruflichen Weg? Falls ja – wie sind Sie dazu gekommen? Sind dies Vorbilder hinsichtlich ihrer Präsenz, ihrer Erfolge, ihrer Fähigkeiten und ihres Wissens, ihrer Prominenz, ihrer Lebenstüchtigkeit – was genau qualifiziert diese Person dazu, Vorbild zu sein?

Ich arbeite gern mit Bildern von Prominenten, die Geisteswissenschaften studiert haben. Der Effekt tritt stets unmittelbar ein – die Seminar-TeilnehmerInnen wachten auf und unterhielten sich. Fragen, die zuvor noch zu diffus waren, um sprachlichen Ausdruck zu erhalten, können nun gestellt werden. Wie entwickelte sich XY von einem Studium der Alten Geschichte zum Popstar oder Model? Warum hat AB sein Studium nicht beendet und ist trotzdem erfolgreich? Findet man, wenn man Person Z im Fernsehen sieht, noch irgendwelche Hinweise auf das Studium Anglistik/Romanistik?

Schauen Sie insbesondere auf die Modi der beruflichen Performance. Welche Transfers haben Prominente erbracht – hinsichtlich der Studieninhalte, der Methoden, der Hilfswissenschaften, des sozialen Zusammenhangs?

Letztens haben Studierende zurückgemeldet, die Übung habe gutgetan, denn „wenn jetzt jemand aus der Familie wieder fragt, was man damit machen kann, dann habe ich Antworten, die jeder sofort nachvollziehen kann.“ Unabhängig davon, ob der eigene Berufswunsch auch „Tagesschausprecher“ ist, empfanden die TeilnehmerInnen es als Erleichterung, konkrete, allgemein bekannte und positiv bewertete Beispiele zu kennen. Tatsächlich fiel es ihnen leichter, von dort aus eigene Visionen zu entwickeln – Tagesschausprecher womöglich nicht, aber in anderen Medienhäusern, bei Hörbüchern, bei Filmproduktionen wird es doch auch Sprecher geben, weniger prominent.

Suchen Sie also nach Prominenten, die auch mindestens eines Ihrer Fächer studiert haben. Leiten Sie Fragen, Beispiele und ggf. auch eigene Abgrenzungen aus ihren veröffentlichten Lebensläufen ab (unter der Bedingung, es könnte sich auch um fiktionale oder apologetische Anteile der Biografie handeln. Das macht aber nichts, wir unterliegen alle einer biografischen Illusion und Streben nach Konvergenz).[30]

[30] Pierre Bourdieu: Die biographische Illusion, in: BIOS 1 (1990), S. 75-81.

Spezialistentum erkennen

Es wird mitunter propagiert, Geisteswissenschaftler seien Generalisten, und darum können sie alles werden. Und darum sind auch die Schlüsselqualifikationen so wichtig. Fachkräfte hingegen sind immer die anderen.

Nein. Auch GeisteswissenschaftlerInnen sind Spezialistinnen. Niemand von Ihnen studiert ganz allgemein „Geisteswissenschaften". Ich verwende den Begriff hier pragmatisch als Sammelbegriff für eine Summe von Disziplinen, die im Übrigen auch unter die Sozial- oder Kulturwissenschaften fallen können oder unter die Philologien. Wäre es tatsächlich so, dass die Fächer, die Teil dieser Summe sind, alle die gleichen Generalisten, verbunden mit ihren Schlüsselqualifikationen, hervorbrächten, wozu dann noch diese Fächer?

Es ist sehr berechtigt, zu fragen, was dem Arbeitsmarkt eigentlich fehlte, würden unsere Fächer keine Spezialisten hervorbringen. Wo haben Absolventinnen Expertisen, die sie von Absolventinnen anderer Disziplinen unterscheiden?

Überlegen Sie, welche Praxistransfers spezifisch aus Ihren Fächern möglich sind. Dabei können Sie verschiedene Startpunkte wählen:

- fachspezifische **Methoden und Hilfs-/Grundwissenschaften** (z.B. Paläografie, empirische Sozialforschung, Ikonologie …)
- **thematische Schwerpunkte** (Wissenschaftsgeschichte, Werkgeschichte, Dramaturgie, Interkulturalität, Altes Testament …)
- **Zugangsvoraussetzungen oder Zusatzqualifikationen** (Fremdsprachenkenntnisse, spezielle Software, pädagogische oder didaktische Kenntnisse …)

Selbstbeschreibungen der Fächer auswerten

Sie lernen im Studium u.a. Recherche und Textkritik. Darum ist es eine lohnende Aufgabe, in den eigenen Fächern an der eigenen Hochschule zu recherchieren, welches professionelle Selbstbild eigentlich herrscht. Eine Auswertung der Websites für Studieninteressierte kann ein Anfang sein, auch die der Modulhandbücher (Vorwort, Präambel) oder des Werbematerials für Studiengänge. Dieses Material bietet oft die einzigen Selbstauskünfte (quasi Ego-Dokumente) eines Studiengangs, die zeigen, welche beruflichen Transfers als sinnvoll, üblich und irgendwie konsekutiv zum Studium gedacht werden, und sie entbehren in aller Regel Recherche, Reflexion, regionale Einbindung und institutsinterne Diskussionen.

Finden Sie Texte Ihrer Studiengänge zur Employability oder zur Berufstätigkeit im Anschluss an das Studium. Schreiben Sie heraus, welche Berufe das PR-Material und Studiengangsmanagementschriftgut als mögliche Anschlussoptionen nennt. Falls möglich, schreiben Sie auch die Begründung dazu (z.B. „steigendes Interesse der Öffentlichkeit", „traditionell"/„klassisch", „mittlerweile machen das viele").

Suchen Sie als Ergänzung Material zum Berufsbild, das Studiengänge an anderen Hochschulen veröffentlichen. Ich habe das stichprobenartig getan, und erstaunlicherweise ähneln sich mitunter verschiedene Fächer an unterschiedlichen Hochschulen mehr als die gleichen Fächer an unterschiedlichen Hochschulen.

Schreiben Sie auch hier die Berufe heraus, die als einschlägig erachtet werden. Vergleichen Sie. Wie bewerten Sie Unterschiede und Übereinstimmungen?

Diese Aufgabe erscheint zunächst vielleicht ausgesprochen banal. Sie ist es aber nicht.

Finden Sie heraus, wer an Ihrem Institut, Ihrer Hochschule Experte für Praxistransfers, Berufstätigkeit etc. ist. Das muss nicht zugleich der oder die Beauftragte für Praxistransfer, Career oder Employability sein.

Wenn Sie sich in die Recherche und in Gespräche begeben, stellen Sie fest, dass z.B. Personen, die für Sie als FachstudentIn die relativ identische Rolle „DozentIn" haben, hinsichtlich der Expertise für den Arbeitsmarkt sehr unterschiedliche Qualitäten aufweisen.

Universitätsprofessorinnen und Juniorprofessoren haben in der Regel eine akademische Laufbahn absolviert. Darum sind sie qua eigener Erfahrung, oft auch aufgrund ihrer Aufgaben im Wissenschaftsmanagement und in der Studienplangestaltung und letztens aufgrund ihrer eigenen Personalverantwortung Ansprechpartner für die akademische Laufbahn, möglichweise noch für hochschulnahe Arbeitgeber (außeruniversitäre Forschungsinstitute, wissenschaftliche Stiftungen) und für Tätigkeiten, deren Zugangsberechtigung von einem Fachstudium abhängt (z. B. das Lehramt).

Wissenschaftliche Mitarbeiterinnen, Projektmitarbeiterinnen oder Doktorandinnen, die an Hochschulen lehren, befinden sich oft in einer Doppelrolle. Sie haben befristete Verträge, und so müssen sie sich häufig parallel zu ihrer Tätigkeit an der Universität um eine berufliche Profilierung kümmern, die ihnen einen Wechsel und eine Alternative ermöglicht. Wenn sich Angehörige des Mittelbaus in die berufsorientierte Lehre einbringen, dann meist nicht aus eigener Berufserfahrung jenseits der Hochschule als Arbeitsmarkt, wohl aber aus eigener

Such- und Recherchererfahrung und aus eigenen Überlegungen zu Anschlussfähigkeiten. Das kann für Studierende sehr fruchtbar sein, wenn sie an diesem Prozess exemplarisch und reflektierend teilhaben können. Das kann aber auch sehr frustrierend sein, wenn die Lehrenden ihre persönliche Frustration und ihre Sorgen nicht nur beschreiben, sondern leben. Sie sind insofern aber auch gute Ansprechpartner, wenn Sie auf der Suche nach Verbleibsbeispielen sind – diese Lehrenden sind oft noch recht nah an der Studiensituation und halten Kontakt zu Freunden, die die Hochschule verlassen haben.

Lehrbeauftragte sind keine Mitarbeiter an Hochschulen, sondern Honorarkräfte, die üblicherweise einem anderen Hauptberuf außerhalb der Uni nachgehen. Nun ist die Spanne dessen, was Lehrbeauftragte im Rest der Woche machen, recht groß. Es gibt Lehrbeauftragte, die den Rest der Woche ihre Doktorarbeit schreiben, ihre Kinder hüten oder Privatgelehrte sind. Es gibt aber auch Lehrbeauftragte, die den Rest der Woche ein Museum leiten, als Journalist arbeiten, als Coach, als Archivarin, am Theater, als Lektor, als Autorin, von einem Einkommensmix leben … In Hinblick auf die Berufsorientierung ist die Gruppe der Lehrbeauftragten für Sie die vielfältigste.

Unteraufgabe

Finden Sie heraus, welche Ihrer Lehrenden Lehrbeauftragte sind, und befragen Sie sie zu ihrer beruflichen Praxis. Fügen Sie sie zu Ihrer Sammlung hinzu. Fragen Sie nach Möglichkeiten und Erfahrungen zu Praxistransfers: Praktikum, freie Mitarbeit, kontaktaktive Mitgliedschaft in tätigkeitsaffinen Vereinen …

Erstellen Sie schließlich eine Tabelle mit drei Spalten. In der ersten Spalte stehen Name und Titel des Dozenten. In der zweiten Spalte steht die institutionelle Funktion, die er/sie innehat. In der dritten Spalte steht die Rolle, die Sie ihm/ihr hinsichtlich der Berufsorientierung zuweisen.

Fiktives Beispiel:

Name, Titel, Kontakt	**Funktion(en)**	**Rolle(n)**
A	Praktikumsbeauftragte	Türöffnerin (hoffentlich) Beraterin Gesprächspartnerin Prüferin für meinen Praktikumsbericht Inhaltsexpertin für Praktika in der Region
B	Lehrbeauftragte im Modul Historische Methoden freie Fachübersetzerin für Latein verschiedenen Verlagen	Inhaltsexpertin für Übersetzung und Verlagswesen Netzwerkpartnerin für Einstieg in das wissenschaftliche Übersetzen?
C	Lehrbeauftrager im Modul Frühe Neuzeit Archivar am Landesarchiv	Inhaltsexperte für Archivarbeit und Paläografie Netzwerkpartner, Türöffner für das Archivwesen Vielleicht kennt der Leute, die Lateinübersetzer brauchen?
D	Universitätsprofessorin für die Geschichte der Frühen Neuzeit Vorsitzende des Geschichtsvereins	Vorbild Netzwerkpartner/Türoffnerin auf dem regionalen Historikerarbeitsmarkt Irgendwann Prüferin Inhaltsexpertin für Wissensgeschichte in der Frühen Neuzeit

Lernveranstaltungen mit Fokus Berufsorientierung

Lehrveranstaltungen, die Berufsorientierung als Thema haben, sind in den meisten geisteswissenschaftlichen Studiengängen erst mit der Bolognareform – und dann auch gleich verbindlich – eingeführt worden. Bis dahin war die Berufsorientierung Privatsache, und der Praxistransfer im Studium oblag einer Lehre, die sich Projekten widmete, Lehrbeauftragte aus der Praxis (aus Archiven, Museen, Verlagen o.ä.) einband oder methodische und hilfswissenschaftliche Übungen enthielt. Das Modul Praxis/Berufsorientierung wird häufig von Mitarbeiterinnen betreut, die selbst noch nicht am Ende ihrer beruflichen Entwicklung stehen. Das bedeutet, dass auf diesen Stellen nicht unbedingt Kontinuität herrscht, und damit für Sie als Studierende: Das Angebot in den berufsorientierten Veranstaltungen ist hochgradig abhängig von den Stelleninhabern, von ihrer Haltung zu Beruf und Arbeitsmarkt, von ihren Erfahrungen, von ihrer Netzwerkarbeit, auch von ihrer finanziellen Ausstattung, ihren Ressourcen und ihrer Stellung innerhalb des Instituts.

Was also können Sie aus diesen Praktikerveranstaltungen machen, wenn die Vortragenden alle im entscheidenden Moment Glück hatten, promovierten oder Hobbys haben, die Sie nicht teilen? Es braucht eine Gebrauchsanweisung für diese Veranstaltungsart.

Lernen Sie über Berufsmöglichkeiten ebenso, wie über alle anderen **Fachinhalte** auch. Beobachten Sie, sammeln Sie und fragen Sie ggf. nach:

- Phänomenologie (Welche beruflichen Werdegänge gibt es? Wie heißen die Berufe? Welche Eigenschaften haben sie? Welche regionalen Besonderheiten gibt es? Wie sind Berufe organisiert (öffentlich/privat, angestellt/selbstständig ...)? Gibt es eine Fachnomenklatur der Berufe und Arbeitswelt?)

- Methode (Wie kann man in Berufe kommen? Welche Wege wurden ausprobiert, gegangen, verworfen? Wie wird Laufbahn gestaltet, wo scheint sie nur zu passieren? Wie gelingt Work-Life-Integration? Wie wird über Berufe und Berufstätigkeit gesprochen? Welche Wege sind formell, welche informell?)
- Sozioökonomie (Prinzip der Ähnlichkeit: Welche Leute arbeiten wo, welche Eigenschaften führen sie zusammen? Welche Bewertungen und Wertschätzungen gibt es für Berufe? Welche Statusobjekte? Welche Übereinstimmung mit persönlichen Werten liegt vor – sollte für mich vorliegen? Welche Netzwerke gibt es, und welche Funktion haben die?)
- Wissensbestände (Welches Wissen wird vorausgesetzt – fachlich, organisatorisch, empirisch, methodisch? Welches Wissen wird in der Praxis erworben? Welche Rolle spielt die Spezialisierung im Studium? Welche Rolle die Fachkombination?)

Nutzen Sie die Praktikerveranstaltungen zu **Selbstreflexion**. Was lernen Sie über sich selbst? Über Ihre Vorlieben und Abneigungen? Über Ihr Wissen hinsichtlich Ihrer Fähigkeiten, Wissensbestände, Persönlichkeit und Werte? Über Ihr Wissen hinsichtlich der Arbeitsmärkte? Über Ihre Art, auf Leute und Gelegenheiten zuzugehen? Begleiten Sie die Veranstaltung mit einem Portfolio. Notieren Sie in dem Portfolio nicht die objektivierbaren Daten aus den Vorträgen (wie unter Punkt 1), sondern notieren Sie nur die Punkte, die Sie emotional berührten –

stark ansprachen oder stark frustrierten/ärgerten/irritierten. Notieren Sie Zitate und Ihre innere Reaktion darauf. Lernen Sie sich selbst kennen.

Nutzen Sie die Veranstaltung als **Netzwerkveranstaltung**. Gleichgültig, ob Sie „das Gleiche" machen wollen wie die Praktiker, die in diesem Zyklus vortragen, oder ob Sie eine konkrete Frage nach einem Praktikum haben, oder gar nichts – lernen Sie sie einfach persönlich kennen, aus Interesse an Menschen, aus Neugierde, aus der Bereitschaft, den ersten Schritt zu tun und sich selbst im professionellen Sozialgefüge zu verorten. Nehmen Sie es als Übung, um ins Gespräch zu kommen und ein Repertoire an Fragen und Antworten anzulegen. Wenn es dann „ernst" wird, also wirklich um Sie, Ihre Wünsche und Pläne geht, ist die Situation nicht neu, und Sie können agieren, ohne sich auf die Gesprächsführung selbst konzentrieren zu müssen.

Berufsverbände

Berufsverbände bündeln die Interessen von Angehörigen des Berufs, den sie vertreten. Sie sind oft als eingetragene Vereine organisiert. Intern definieren sie dort, wo keine gesetzliche Regelung greift, Merkmale der Arbeit in diesem Beruf. Sie formulieren Qualitätskriterien. Sie bieten ihren Mitgliedern bevorzugten Zugang zu Aus- und Weiterbildungsmöglichkeiten, beruflich relevanten Informationen und anderen Vergünstigungen. Sie veranstalten selbst Tagungen oder publizieren Fachtexte. Die meisten pflegen auch eine eigene Jobbörse. In diesen Jobbörsen werden auch Stellen ausgeschrieben, die für die Samstagsausgabe von FAZ und SZ zu teuer und umständlich wären, also Volontariate, Praktika, freie Mitarbeiten, Projektmitarbeiten.

Nach außen wirken Berufsverbände auf die öffentliche Wahrnehmung des Berufs ein; frage ich nach der beruflichen Praxis *von* GeisteswissenschaftlerInnen, definieren u.a. Berufsverbände die berufliche Praxis *für* die in ihnen organisierten Professionen. Sie betreiben mitunter auch Lobbyarbeit in den Parlamenten und Gremien. Sie vertreten die Interessen der Mitglieder gegenüber Auftrag-, Arbeit- und Gesetzgebern.

Darum lautet die Aufgabe: Sammeln Sie Berufs- und Fachverbände, und zwar

- vom Studium aus gedacht: Fachverbände der akademischen Disziplinen (z.B. Historikerverband VHD),
- von der beruflichen Praxis aus gedacht: die Verbände und Vertretungen der Berufe, die Sie interessieren (z.B. Verband der freien Lektorinnen, Texterverband etc.).

Falls Sie sich fragen, wo Sie jenseits der Hochschule mit der Netzwerkarbeit beginnen könnten: bei den Berufsverbänden. Und falls Sie sich weiter fragen, wie Sie jene finden, um die Aufgabe zu diesem Absatz zu erledigen, über Listen dieser Verbände, z.B. hier:

- www.gruenderlexikon.de → Suche nach Berufsverbände
- www.brotgelehrte.blog/berufsverbaende

Stellenausschreibungen, Stellenmarkt

Haben Sie auch schon oft in die ZEIT, die Samstagsausgabe von FAZ, SZ und Lokalzeitung oder in Online-Jobbörsen geschaut und festgestellt, dass dort keine Absolventen von Germanistik, Philosophie, Geschichte etc. gesucht werden? Von freien Praktika- und Volontariatsstellen ganz zu schweigen? Tatsächlich werden dort fast keine Einsteigerpositionen ausgeschrieben, und die Vergabepraxis in der lokalen Kreativwirtschaft läuft ebenfalls nur selten über die Tagespresse.

Also müssen wir herausfinden,

1. wo freie Positionen ausgeschrieben werden?
2. unter welchen Bezeichnungen affine Stellen ausgeschrieben werden?

Eine erste Anlaufstelle sind die Fach-, Berufs- und Branchenverbände. Fast alle haben auf der Seite ihrer Dachorganisation Jobbörsen, und dort finden sich Stellen für alle Qualifikationsstufen. Suchen Sie einfach selbst, oder schauen Sie zum Start in ein PDF, das ich zusammengestellt habe:

www.brotgelehrte.blog/stellenboersen Das Passwort lautet Buch2.

Wenn Sie in die Stellenbörsen schauen, können Sie eine Sammlung von Positions- und Tätigkeitsbeschreibungen anlegen. Diese Begriffe helfen Ihnen, wiederum in allgemeinen Stellenportalen zu suchen.

Erstellen Sie eine Liste der für Sie interessanten spezialisierten Stellenbörsen und der für Sie relevanten Positionsbezeichnungen.

Übergangsszenarien

Es gibt nur wenige Langzeitstudien zum Berufseinstieg von Hochschulabsolventen.[31] Dabei fällt auf, dass der Einstieg nicht nur nach Branche und Lebensumständen, sondern auch nach Standort sehr unterschiedlich verlaufen kann.

Hinsichtlich der Branchenwahl ist auffällig, dass GeisteswissenschaftlerInnen überwiegend in fachaffinen Bereichen tätig sind, und zwar affin hinsichtlich der Inhalte, der Methoden und/oder des sozialen Settings. Sie arbeiten in Bildung, Forschung und Kultur. Insofern ist das Aufzeigen von Chancen jenseits dieses Sektors, die Definition von GeisteswissenschaftlerInnen als Generalisten, die überall mit Schlüsselkompetenzen eingesetzt werden können, zwar eine wunderbare Bereicherung, sollte aber nicht zum Leitgedanken unserer beruflichen Identität aufsteigen.

Der Übergang von GeisteswissenschaftlerInnen in eine reguläre Anstellung oder eine existenzsichernde Selbstständigkeit beträgt im Schnitt ca. fünf Jahre. Berufstätigkeit, Ausbildung und Qualifikation können sich während dieser Zeit vermischen. Der Einstieg kann erfolgen über

- reguläre Festanstellung

---

[31] HIS-Studie 2012, Absolventen 1997 im 10-Jahres-Verlauf: www.his.de/pdf/pub_vt/22/2012-11-08_Gregor_Fabian-HIS-Berufswege-von-Geisteswissenschaftler%28inne%29n.pdf; Incher-Kassel: Bundesbericht Wissenschaftlicher Nachwuchs 2013: www.uni-kassel.de/einrichtungen/fileadmin/datas/ einrichtungen/incher/PDFs/Publikationen2013/BuWiN2013.pdf Mikrozensus 2009; ausgewertet habe ich weiterhin Absolventenstudien einzelner Hochschulen.

- Referendariat, Volontariat, Praktikum, Traineeprogramm
- Training on the Job, befristete Anstellung, „Junior"-Stellen, Wissenschaftliche Hilfskraft, Qualifikationsstellen in Teilzeit (Master, Promotion)
- Selbstständigkeit
- Aushilfstätigkeit, nichtreguläre Arbeit und Weiterführung des Studentenjobs
- Professionalisierung des Ehrenamts
- Folgestudium, Weiterbildung, Zertifizierung, Stipendien, Berufsorientierte Qualifikation
- Auslandszeit, Familienzeit, Auszeit

Bereiten Sie sich mental auf Übergangssituationen vor. Was ist das Gute daran, welche Nachteile haben diese fünf Jahre Transition? Welche Optionen wünschen Sie sich? Wo brauchen Sie unbedingt Stabilität, wo sind Sie flexibel? Wie könnten Sie mit Krisen umgehen? Welche Ideen haben Sie, mit Unsicherheit umzugehen?

Sortieren: Beruf, Arbeit und Tätigkeit

Bei der Frage nach der beruflichen Orientierung können unterschiedliche Faktoren eine Rolle spielen. Lesen Sie folgende Fragen zunächst nur durch:

- Was möchte ich **tun** (Tätigkeit)?
- Wie soll meine Arbeit **organisiert** sein (Anstellung, Freiberuflichkeit, Unternehmerin, öffentlicher Dienst, Privatwirtschaft …)
- Mit welchen **Gegenständen**, **Inhalten** und **Menschen** möchte ich arbeiten (Branche, peer group)?
- Was und wer möchte ich **sein** (Fremd- und Selbstbilder, Status eines Berufs)?

Zu welcher Frage fiel Ihnen intuitiv eine Antwort ein? Für welche Antworten liegt wirklich Arbeit vor Ihnen?

Nachdem Sie festgestellt haben, welche Antwort leicht fällt und welche schwerer ist, bearbeiten Sie mit der *jeweils angemessenen Haltung die Fragen.*

Lebensabschnittsberufe

In persönlichen Gesprächen und Foren wird mitunter empfohlen, als Berufseinsteiger alle drei bis fünf Jahre den Job zu wechseln. Meist meint dies: den Arbeitgeber zu wechseln, und dahinter steckt eine Strategie zu höheren Positionen und besserem Einkommen. Zunehmend stellt zudem eine mangelnde emotionale Bindung an den Arbeitgeber ein Problem dar.[32]

Es gibt aber auch gute Gründe, sich beruflich grundsätzlich neu zu orientieren: bei anhaltender Unzufriedenheit und Energielosigkeit, weil die Arbeit so frustrierend ist, aber auch, weil die akademische Karriere nach sechs oder zwölf Jahren wegen des Wissenschaftszeitvertragsgesetzes endet, weil die Kinderzeit einen Wiedereinstieg nur zu unmöglichen Konditionen erlaubt, weil der Arbeitgeber strukturelle Veränderungen vornimmt, weil Sie eine Weiterbildung absolviert haben und nun andere Schwerpunkte setzen, weil der Vertrag befristet ist. Sie können die Liste sicher ergänzen.

Das bedeutet, dass möglicherweise auch auf Sie irgendwann die Frage zukommt, ob Sie im einmal gewählten Job bleiben wollen, oder ob Sie den Beruf wechseln. Und da ohnehin viele Studierende vor einer Berufswahl zurückschrecken, um sich nicht festlegen zu müssen – auch auf der Grundlage von zu wenig Erfahrung und Wissen –, lohnt es sich vielleicht, den eigenen Lebenslauf einmal mit ganz unterschiedlichen Tätigkeiten zu entwerfen.

---

[32] Siehe z.B. www.gallup.de/183104/engagement-index-deutschland.aspx., http://ec.europa.eu/eurostat/statistics-explained/index.php/EU_labour_force_survey_%E2%80%93_data_and_publication.

Welche Berufe möchten Sie im Laufe Ihres Lebens ausüben? Nacheinander, gleichzeitig? Welchen Beruf möchten Sie unmittelbar nach dem Studium ausüben? Wie und was möchten Sie arbeiten, wenn die Kinder noch klein sind oder andere Care-Arbeit geleistet werden muss? Welchen Beruf möchten Sie lange ausüben, welchen nur mal ein paar Jahre?

Beruf und Lebensqualität

Wenn Sie auf englischsprachigen Seiten nach Berufsprofilen von Geisteswissenschaftlern suchen, passiert es mitunter, dass neben den üblichen Kategorien wie „Tätigkeit“ und „Qualifikation“ auch „Lebensqualität“ mindestens einen Absatz wert ist.[33]

Für uns ist es oft ungewohnt, über Lebensqualität in Zusammenhang mit Beruf zu sprechen; Lebensqualität gehört tendenziell eher in den privaten Bereich. Unausgesprochen spielt Lebensqualität natürlich eine große Rolle und kann auch bei der Wahl der Tätigkeit wichtig sein – spätestens bei der beruflichen Neu- und Umorientierung erhält sie ihren Platz.

Welche Kriterien sollte eine Tätigkeit, ein Arbeitsverhältnis erfüllen, damit Sie zufrieden sind? Was mögen Sie gern an Ihrem Studium, was genießen Sie im Studium – und eben nicht in der Zeit des Tages/Jahres, die nicht mit Studium ausgefüllt sind?

Fragen Sie Alumni oder Berufstätige, was sie an ihrem Beruf gern mögen und genießen.

---

[33] Z.B. www.princetonreview.com/careers/132/publicist.

Mareike Menne – Coaching und Beratung

Wie geben Sie Ihrem Berufsleben **Sinn** über den Broterwerb hinaus?
Wie kann es gelingen, jenseits des Tagesgeschäfts **tiefgründig** zu arbeiten?
Was konstituiert Ihre berufliche **Identität**?
Wie werden aus Ihren Ideen Strategien, Werke und Handlungen?
Wie wird aus Ihren intuitiven Fähigkeiten und Talenten **Professionalität**?
Wie gehen Sie sinnvoll mit **Zeit, Zielen** und **Geld** um?

Ich arbeite seit 2007 zu diesen Fragen mit Kreativen, Kulturschaffenden und WissenschaftlerInnen ganzheitlich und lösungsorientiert. In **Workshops**, bei **Salonabenden** und in **Einzelberatungen**. Kontaktieren Sie mich gern!

www.mareikemenne.de
www.brotgelehrte.blog